Michaela Ulich, Pamela Oberhuemer, Monika Soltendieck
Die Welt trifft sich im Kindergarten

Dr. Michaela Ulich: Bis 2007 wissenschaftliche Referentin am Staatsinstitut für Frühpädagogik (IFP), München. Arbeitsschwerpunkte: Sprachförderung und Literacy-Erziehung; systematische Beobachtung und Dokumentation der Entwicklung von Kindern; Mehrsprachigkeit und interkulturelle Erziehung.

Pamela Oberhuemer: Wissenschaftliche Referentin am Staatsinstitut für Frühpädagogik (IFP), München. Arbeitsschwerpunkte: Systeme der Elementarbildung und Professionalisierung in Europa; Frühpädagogik und Bildungsqualität; Berufsrolle und Qualifizierung pädagogischer Fachkräfte.

Monika Soltendieck: Wissenschaftliche Referentin am Staatsinstitut für Frühpädagogik (IFP), München. Arbeitsschwerpunkte: Interkulturelle Erziehung, Sprachförderung von zwei- und mehrsprachigen Kindern, Literacy-Erziehung, Fortbildung von pädagogischen Fachkräften.

Frühe Kindheit | Interkulturalität

Michaela Ulich, Pamela Oberhuemer, Monika Soltendieck

Die Welt trifft sich im Kindergarten

Interkulturelle Arbeit und Sprachförderung in Kindertageseinrichtungen

3. Auflage

Bei Fragen und Anregungen wenden Sie sich bitte an unsere Berater:
Marketing, 14328 Berlin, Cornelsen Service Center,
Servicetelefon 030 / 89 78 58 9 29

Weitere Informationen finden Sie im Internet unter:
www.cornelsen.de/fruehe-kindheit

Bibliografische Information: Die Deutsche Bibliothek verzeichnet diese Publikation in der Deutschen Nationalbibliografie; detaillierte bibliografische Daten sind im Internet über http://dnb.ddb.de abrufbar.

3. Auflage 2010
© 2007 Cornelsen Verlag Scriptor GmbH & Co. KG, Berlin

Das Werk und seine Teile sind urheberrechtlich geschützt. Jede Nutzung in anderen als den gesetzlich zugelassenen Fällen bedarf deshalb der vorherigen schriftlichen Einwilligung des Verlags. Hinweis zu den §§ 46, 52a UrhG: Weder das Werk noch seine Teile dürfen ohne eine solche Einwilligung eingescannt und in ein Netzwerk eingestellt oder sonst öffentlich zugänglich gemacht werden. Dies gilt auch für Intranets von Schulen und sonstigen Bildungseinrichtungen.

Herstellung: Renate Hausdorf, München
Druck und Bindung: Beltz Druckpartner, Hemsbach
Umschlaggestaltung: Claudia Adam Graphik-Design, Darmstadt
Fotos inklusive Titelfotografien: Jochen Fiebig, München
Illustration im Elternbrief: Silvia Hüsler, Zürich

Printed in Germany

ISBN 978-3-589-25395-1

Inhaltsverzeichnis

Vorwort ... 5

1. *Pädagogik der Vielfalt – interkulturelle Pädagogik: Reflexionen zum Thema (Pamela Oberhuemer)* ... 9

    Pädagogik der Vielfalt: Kulturenvielfalt gehört dazu ... 10

    Was ist Kultur? Was sagen Erzieherinnen dazu? ... 10

    Tageseinrichtungen: Orte zur Einübung interkultureller Kompetenz ... 11

    Ziele einer interkulturellen Pädagogik ... 11

    Erzieherinnen als Kulturvermittler und Vermittler zwischen Kulturen ... 12

    Wer hat welche Rechte? ... 12

    Multikulturalität und pädagogische Konzeption: Eine Aufgabe für Träger und pädagogische Fachkräfte ... 12

    Vielfalt der Kulturen – die Welt trifft sich im Kindergarten ... 13

2. *Sprachentwicklung: Kinder, die mit verschiedenen Sprachen aufwachsen (Michaela Ulich)* ... 14

    Zur Einführung einige Begriffe ... 15

    Von Anfang an mit zwei Sprachen: Wie „getrennt" sind die zwei Sprachen bei einem Kind? ... 15

    Wenn Erwachsene die Sprachen getrennt halten: Eine Orientierungshilfe, kein absolutes Prinzip ... 16

    Sprachmischung bzw. Sprachwechsel – in vielen Situationen ganz natürlich ... 16

    Wenn Kinder die Sprachen gar nicht auseinanderhalten ... 17

    Wie lernen Kinder eine Zweitsprache? Einige „Zwischenstufen" und Strategien ... 18

    Wenn die Sprache sich nicht mehr weiter entwickelt ... 19

    Was haben wir für ein Bild von zweisprachigen Kindern? ... 19

3. *Deutschlernen in der Kindertageseinrichtung (Michaela Ulich)* ... 21

    Die Anfangssituation: Wenn Kinder kein Deutsch sprechen ... 22

    „Sprachförderung" Was heißt das? ... 23

    Erzieherinnen als Sprachvorbilder ... 23

    Kinder als Gesprächspartner – Gespräche anregen und „schützen" ... 24

    Wie reagiere ich auf Fehler? ... 24

    Erzählen und Vorlesen – warum sind sie für die Sprachentwicklung so wichtig? ... 26

    Erzählen und Vorlesen – aber wie? ... 26

    Mit einer anderen Stimme sprechen – Handpuppe, Reime, Singspiele ... 27

    Situationen, die das Sprechen hemmen ... 28

    Sprachentwicklung und Sprachförderung mit Eltern thematisieren ... 28

    Sprachentwicklung systematisch begleiten mit *Sismik* ... 29

4. *Die Familiensprachen der Kinder im pädagogischen Angebot (Michaela Ulich)* ... 31

    Kulturelle Aufgeschlossenheit – die Sprache gehört dazu ... 32

    Welche Sprachen und Dialekte haben wir in der Gruppe / in der Einrichtung? ... 32

    Heute lerne ich eine andere Sprache – zu zweit geht es leichter ... 32

    Familiensprachen im pädagogischen Angebot: Lieder, Spiele, Reime ... 33

    Bilderbücher und Geschichten aus verschiedenen Ländern ... 31

    Wie reagieren Erwachsene und Kinder auf fremdsprachige Medienangebote? ... 33

    Medienangebote als Entlastung vom allzu „Persönlichen" ... 34

    Neue Kontaktformen zu den Eltern ... 34

    Leitfragen: Welche Bedeutung haben die Familiensprachen der Kinder im pädagogischen Angebot? ... 35

Inhalt

5. *Kommunikation und Zusammenarbeit mit Familien aus verschiedenen Kulturen (Monika Soltendieck)* ... 36

    Drei Momentaufnahmen ... 37

    „Ausländische Familien" – „Migrantenfamilien": Was heißt das? ... 37

    Herkunftskulturen – Migrantenkulturen ... 38

    Was weiß ich über die Wanderungsgeschichte der Migranteneltern in meiner Gruppe? ... 38

    Was möchte ich über die konkrete Lebenssituationen und die Erwartungen von Migranteneltern wissen? ... 39

    Fragen an die einzelne Migrantenfamilie ... 39

    Der Eintritt und die Anfangszeit im Kindergarten – eine besondere Situation für Migranteneltern ... 39

    Die Kommunikation mit Eltern als Thema für Teamgespräche ... 38

    Einige Anregungen, die sich in der Praxis bewährt haben ... 41

6. *Was mache ich mir für ein Bild? Erfahrungen und Stereotypen im Umgang mit anderen Kulturen (Michaela Ulich)* ... 44

    Woher kommen die Bilder im Kopf? Persönliche Erfahrung und öffentliche Meinung ... 45

    Meine Geschichte von Ayla – eine Phantasieübung ... 45

    Was sagen uns unsere Geschichten? ... 46

    Kulturkonflikt und Entwicklungschance ... 46

    Auch Kinder machen sich ein Bild ... 47

    Bewusste Kulturarbeit – auch mit Kindern ... 47

7. *Evaluation: Modewort oder konkrete Praxishilfe? (Pamela Oberhuemer)* ... 49

    Der Blick von außen: Auswerten und Bewerten unter Verwendung von festgelegten Kriterien ... 50

    Der Blick von außen und innen: Auswerten und Bewerten unter Verwendung von gemeinsam vereinbarten Kriterien ... 50

    Der Blick von innen: Einrichtungen und pädagogische Fachkräfte beurteilen ihre Arbeit selbst ... 51

    Selbstevaluation – Selbstreflexion – Selbstorganisation ... 51

    Nationale Qualitätsinitiative (NQI) – Evaluationsverfahren für pädagogische Fachkräfte und Einrichtungsträger ... 52

8. *Über Praxis nachdenken, Praxis verändern. Ein Leitfaden für die interkulturelle Arbeit in Kindertageseinrichtungen (Pamela Oberhuemer)* ... 53

    Situationsanalyse und Zielformulierung ... 54

    Aktionsplan ... 56

    Erprobung – Dokumentation – Reflexion ... 58

    Zusammenfassende Auswertung ... 59

9. *Bücher und Materialien für die pädagogische Arbeit (zusammengestellt von Monika Soltendieck)* ... 60

Anhang:
Elternbrief „Wie lernt mein Kind zwei Sprachen – Deutsch und die Familiensprache?" ... 64

Vorwort

Vorwort zur 1. Auflage
Ausgangspunkt der Autorinnen

Interkulturelle Erziehung in Kindertageseinrichtungen ist ein Thema, das die drei Autorinnen dieser Broschüre – Michaela Ulich, Pamela Oberhuemer und Monika Soltendieck – seit über zwanzig Jahren beschäftigt. Ein zentrales Anliegen war stets: Wie kann im Alltag von Tageseinrichtungen die Präsenz und Wertschätzung von verschiedenen Sprachen und Kulturen für Kinder konkret erfahrbar gemacht werden? Mit dieser Leitvorstellung wurde in den 80er Jahren im IFP (Staatsinstitut für Frühpädagogik) eine Sammlung von Kinderliteratur und Kinderkultur aus anderen Ländern zusammengestellt und z.T. zweisprachig und in verschiedenen Medien – als Praxishandbuch, als Ton- und Videokassette mit Begleitheft – für die Praxis aufbereitet (vgl. Literaturhinweise in Kapitel 9). Bereits Ende der 70er Jahre engagierte sich das IFP mit einem Modellversuch, in dem zweisprachige Kindergruppen (z.B. 12 deutsche Kinder, 12 türkische Kinder) von einer deutschen und türkischen Erzieherin betreut wurden. Einige dieser Gruppen wurden dann – jenseits des Modellversuchs – zu einer festen Einrichtung der Stadt München, und die Wichtigkeit von Fachkräften mit Migrationshintergrund ist heute unumstritten.

Dieses Prinzip ist nach wie vor für uns gültig: Mehrsprachigkeit und Multikulturalität gehören in das pädagogische Angebot von Kindertageseinrichtungen – sei es über Personen der jeweiligen Kulturen, sei es über konkrete Angebote wie Spiellieder, mehrsprachiges szenisches Spiel, oder Tonkassetten mit zweisprachigen Erzählungen. Dies haben wir in den nachfolgenden Kapiteln immer wieder dargelegt.

Was hat sich aber seit der Herausgabe unserer bisherigen Bücher und Kassetten verändert?

Eines ist offensichtlich: die Population in Kindertageseinrichtungen hat sich in den letzten 10 bis 15 Jahren sehr verändert. Neben den klassischen Anwerbeländern kommen nun fortlaufend zahlreiche andere Nationalitäten und Sprachgruppen dazu, Einrichtungen mit Familien aus 15 verschiedenen Ländern sind keine Seltenheit – wobei die Gruppe der türkischen Kinder zahlenmäßig nach wie vor die stärkste ist. Das Bild wird bestimmt einerseits von einer häufig wechselnden Vielfalt der Kulturen (von Afghanistan über England bis Tansania), anderseits von einigen „Stammgruppen" (Kinder von Migranten aus der Türkei, aus dem ehemaligen Jugoslawien und aus Italien).

Wie ist aber die Perspektive von Fachkräften, die in diesen Gruppen arbeiten? Dazu haben wir unsere Fortbildungserfahrungen der letzten 10 Jahre ausgewertet und Fachkräfte selbst befragt: wie sehen sie ihre Arbeit in mehrsprachigen Kindergruppen, was gibt es für Probleme, was hat sich bewährt, welche Informationen wären hilfreich? Die Auswertung dieser Interviews und der Fortbildungserfahrungen und auch die aktuelle Diskussion um Qualitätsentwicklung in Kindertageseinrichtungen sind nun die Grundlage für die Konzeption dieser Broschüre – für die Auswahl der Themen und für den methodischen Zugang. Was heißt das konkreter?

Schwerpunkt „Sprache"

Die Sprachentwicklung von Migrantenkindern ist eines der am häufigsten genannten Probleme. Die in manchen Kreisen verbreitete Idee, dass wir es nun vorwiegend mit der 3. Generation von „ausländischen" Kindern zu tun haben, und dass z.B. türkische Kinder inzwischen nur noch Deutsch sprechen, stimmt nach unseren Erfahrungen nicht. Viele Kinder kommen nach Berichten von Erzieherinnen praktisch ohne Deutschkenntnisse in den Kindergarten. Immer wieder wurde von Fachkräften als Problem thematisiert: das Deutsch lernen der Kinder, die Verständigung mit den Eltern, das zweisprachige Aufwachsen von Kindern, die Rolle der Eltern und der Erzieherin bei der Sprachförderung. Aus diesem Grunde haben wir diesen Bereich ganz besonders betont (vgl. Kapitel 2, 3, 4 und 5).

Eltern – Familienkulturen – Herkunftskulturen

Wir haben zum Themenbereich „Eltern" nicht nur ein relativ ausführliches Kapitel verfasst, sondern auch in anderen Kapiteln diese Dimension der Arbeit immer wieder thematisiert. Denn die Kommunikation und Zusammenarbeit mit Eltern aus den unterschiedlichsten Kulturen ist – neben der Sprachförderung von mehrsprachigen Kindern – eine besondere Herausforderung für Fachkräfte. Als Probleme werden vor allem die sprachliche Verständigung genannt ebenso wie kulturspezifische Erwartungen an den Kindergarten.

Wir hören oft, dass Erzieherinnen sich mehr Kurzinformationen über verschiedene Herkunftskulturen und Sitten wünschen, um damit die Familien in ihrer Gruppe besser zu verstehen. Dieses Bedürfnis zeugt von kultureller Aufgeschlossenheit, aber es wirft praktische Probleme auf. Es gibt inzwischen Familien aus sehr vielen Kultur- und Sprachgruppen in Tageseinrichtungen, und darüber hinaus haben sich innerhalb der einzelnen Gruppen ganz unterschiedliche Migrantenkulturen herausgebildet. Es ist unmöglich, in einer Praxisbro-

Vorwort

schüre diese ganzen Varianten abzudecken. Darüber hinaus sind landeskundliche „Kurzinformationen" aus unserer Sicht häufig problematisch: sie können neue Stereotypen bilden (z.B. über den türkischen Erziehungsstil) und den Blick auf den Einzelfall verstellen. Aus diesem Grunde haben wir zum Thema „kulturspezifische Sitten und Erwartungen eine Reihe von gezielten Fragen an die Eltern formuliert (vgl. Kapitel 5) und zusätzlich, als Hintergrundinformation, einzelne kulturkundliche Quellen im Literaturverzeichnis angegeben (Kapitel 9).

Der „andere" Blick auf den Alltag

Die Arbeit in mehrsprachigen und multikulturellen Kindergruppen stellt vielfältige und z.T. recht komplexe Anforderungen an Fachkräfte. Hinzu kommen im Laufe eines „normalen" Tages in der Einrichtung viele „unerwartete" Unterbrechungen und Dinge, die quasi nebenbei organisiert und erledigt werden müssen (Telefon, Tür- und Angelgespräche, Dolmetscher organisieren, Materialien vorbereiten, einkaufen usw.). Diese Situation kann frustrierend sein.

Wir haben im Laufe der Jahre den Eindruck gewonnen, dass in dieser Situation der Versuch, durch Selbstorganisation die Routine zu durchbrechen sehr hilfreich sein kann. Selbstorganisation heißt u.a. auch außerhalb und gegen die Routine eigene Akzente setzen und planen. Dazu gehört die Bereitschaft, sich die eigene Arbeit und den Tagesablauf genauer anzuschauen und im einzelnen zu bestimmen: Was läuft bei meiner Arbeit gut und was läuft nicht gut oder gar nicht, wo gibt es Widerstände, was könnte ich alleine oder im Team konkret, in kleinen Schritten verändern, wer oder was könnte mich dabei unterstützen? Diese Art von Reflexion und Planung, die sehr konkret und praktisch sein kann, ist auch eine wichtige Basis für die Außendarstellung der eigenen Arbeit und der Einrichtung – eine Aufgabe, die in den letzten Jahren zunehmend an Bedeutung gewonnen hat.

Wir haben aus diesem Grund einen Leitfaden zur Reflexion der eigenen Praxis entwickelt – mit konkreten Fragen und aufeinander aufgebauten Schritten (Kapitel 8). Diese eher fragende Haltung bestimmt auch andere Kapitel dieser Broschüre. Neben Information und Anregungen haben wir versucht, zu dem jeweiligen Bereich, sei es Sprache oder Kommunikation mit Eltern, möglichst gezielte Fragen zu formulieren, die helfen könnten, auch mal einen „anderen" Blick auf die eigene Arbeit, auf die Kindergruppe, auf die Eltern, oder auch auf das Teamgespräch zu werfen.

Vorwort zur 2. Auflage

Unsere für die erste Auflage formulierte Position in Sachen „Interkulturelle Arbeit / Sprachförderung" gilt nach wie vor. Wie aber stehen wir zur aktuellen Diskussion um Sprachkompetenz / Sprachförderung von Migrantenkindern? Dieses Thema wird auf allen Ebenen diskutiert, es ist inzwischen auch politisch besetzt. Folgende Trends sind zu beoachten:

- der Glaube an Sprachtests zur Erfassung des Sprachstands von Migrantenkindern,
- die Propagierung von eng umschriebenen Sprachförderprogrammen, die schnelle Erfolge versprechen,
- die isolierte Betrachtung von „Deutsch lernen" ohne Bezug zu mehrsprachigen Lebensformen und Kompetenzen.

Wir haben auch hier eine klare Position und haben diese in verschiedenen neueren Publikationen praktisch umgesetzt. Dazu in Kürze:

Anstelle von Sprachtests, die gerade für diese Zielgruppe in ihrer Aussagekraft sehr umstritten sind, plädieren wir für eine systematische und prozessorientierte Beobachtung und Dokumentation der Sprachentwicklung durch pädagogische Fachkräfte. Wir haben ein entsprechendes Beobachtungssystem für Migrantenkinder entwickelt (s. Kapitel 3).

Spracherwerb ist ein komplexer, langfristiger Prozess und umso früher Kinder sprachliche Anregungen bekommen, desto besser. Wichtig ist eine intensive und systematische Sprachförderung mit vielfältigen, motivierenden Anregungen. Zur Entwicklung von Sprachkompetenz im Elementarbereich gehört ganz wesentlich die Entwicklung von Sprachkultur und Literacy – kindliche Erfahrungen und Kompetenzen rund um Buch-, Erzähl-, Reim- und Schriftkultur (siehe Kapitel 3, 4 und 5 und Ulich 2005, 2004).

Deutsch lernen und Wertschätzung von Mehrsprachigkeit sind keine gegensätzlichen Ziele, sondern komplementäre Zielsetzungen, sie ergänzen sich. Zweisprachiges Aufwachsen ist eine Chance – eine Chance, die pädagogische Fachkräfte und Migranteneltern gemeinsam nutzen können. Wir haben zu diesem Thema einen Elternbrief verfasst, der im Anhang abgedruckt ist.

Pädagogik der Vielfalt – interkulturelle Pädagogik

Reflexionen zum Thema

Pamela Oberhuemer

1.

1. Pädagogik der Vielfalt

Pädagogik der Vielfalt: Kulturenvielfalt gehört dazu

Die fachliche Arbeit in Tageseinrichtungen ist komplexer und anspruchsvoller geworden. Kinder wachsen heute in eine Welt hinein, die als heterogen und kulturell vielfältig bezeichnet werden kann. Auch die Kindergruppen in Tageseinrichtungen spiegeln diese Vielfalt wieder: Kinder unterschiedlichen Alters; Kinder mit Geschwistern und ohne; Kinder, die mit beiden Eltern oder nur mit einem Elternteil leben; Kinder, die unter Armut leiden und Kinder, die im Wohlstand aufwachsen; Kinder mit und ohne Behinderung; Kinder aus deutschen Familien und aus Familien mit Migrationshintergrund. Die Aufzählung könnte mühelos fortgesetzt werden.

Vor diesem Hintergrund gesellschaftlicher Differenzierungen sozialer, ökonomischer und kultureller Art hat die fachliche Arbeit an sozialintegrativer und gesellschaftspolitischer Bedeutung gewonnen. Für die Bildungs- und Erziehungsarbeit in Kindertageseinrichtungen stellt sich die Frage: Wie können wir Kinder dahingehend unterstützen, weltoffen und kulturell aufgeschlossen zu sein und zugleich solidarisch und verantwortungsbewusst?

Pädagogik der Vielfalt ist ein programmatischer Begriff. Sie will für die Heterogenität in (sozial)pädagogischen Arbeitsfeldern sensibilisieren. Sie will eine Kultur der Akzeptanz und der demokratischen Teilhabe von Menschen in verschiedenen Lebenslagen und mit verschiedenen Lebenswelten fördern und stärken. Eine Pädagogik der Vielfalt bezieht sich auf verschiedene Ansätze zum Umgang mit Unterschieden, z.B. integrative Arbeit mit behinderten Kindern, geschlechtssensible Erziehung, interkulturelle Pädagogik. Das heißt unter anderem für Erwachsene wie für Kinder: mit Unklarheiten, Widersprüchlichkeiten und Mehrdeutigkeiten umgehen lernen; akzeptieren, dass es unterschiedliche Sichtweisen und Wertvorstellungen gibt. Multikulturell zusammengesetzte Kindergruppen bieten hierfür ein breites Übungsfeld.

Kinder sind Träger ihrer Familienkultur. Kinder sind aber vor allem Individuen, die ihre spezifische Familienkultur in einer ganz individuellen Art in die Kindergruppe einbringen. In diesem Sinne fordert die Arbeit in kulturell gemischten Kindertageseinrichtungen einen kind- und familienzentrierten Ansatz: es geht um dieses Mädchen oder diesen Jungen mit seinem besonderen lebensgeschichtlichen Hintergrund, der auch — und dies ganz wesentlich — kulturell geprägt ist. Es geht um diese Mutter oder diesen Vater mit ihrer oder seiner spezifischen Migrationsgeschichte und ihrer oder seiner spezifischen Lebenssituation in Deutschland. Gleichzeitig fordert die kulturelle Vielfalt in der Gruppe eine sensible Sichtweise für die vielen Dimensionen und Ebenen von Kultur.

Was ist Kultur? Was sagen Erzieherinnen dazu?

Wir reden viel von Kultur, von interkultureller Erziehung und von multikulturellen Kindergruppen. Was verstehen wir aber unter dem Begriff *Kultur*? Stellt man diese Frage an Erzieherinnen, so sind die Antworten vielschichtig. Sie reichen von *Sprache*, *Essen und Trinken*, *Religion*, *Tänze* oder *Folklore* bis hin *zu einem bestimmten Frauenbild, Normen und Werte* oder *Rituale*. Diese Vorstellungen von Kultur können drei Ebenen zugeordnet werden:

(1) Die Ebene der sichtbaren Kulturprodukte, die auch außerhalb eines bestimmten kulturellen Milieus erkennbar sind. Dazu gehören zum Beispiel: Schriftzeichen, Kleidung, Tänze, Spiele oder Kunsthandwerk. Hier geht es um Kulturmerkmale, die von anderen als „kulturspezifisch" wahrgenommen werden. Denken wir zum Beispiel an chinesische Schriftzeichen, an japanische Kimonos, oder an den griechischen Syrtaki-Tanz.

(2) Die Ebene der beobachtbaren Handlungsmuster und Ausdrucksformen einer Kultur. Dazu gehören z.B. die mündliche Sprache, religiöse Sitten, Essensrituale, Wohnkultur oder Erziehungspraxis. Hier geht es um beobachtbare Verhaltensweisen und Bräuche, die Merkmale einer „gelebten" Kultur sind.

(3) Die Ebene der unsichtbaren Wertorientierungen, die „Bilder im Kopf", die das Handeln der Menschen leiten. Hierzu gehören z.B. Einstellungen und Erziehungsvorstellungen, oder auch Rollenbilder (von Männern, von Frauen, von Familien, von Kindern).

Die amerikanische Kulturwissenschaftlerin Lesley Williams spricht in diesem Zusammenhang von den WAS-, WIE- und WARUM-Ebenen einer Kultur. Sicherlich ist es die dritte Ebene, die Ebene der nicht sichtbaren und oft nicht bewussten handlungsleitenden Wertvorstellungen, die die Kommunikation und Zusammenarbeit vor allem mit den Eltern erschweren kann. Denn nicht nur „fremde" Eltern haben Bilder im Kopf, sondern auch deutsche Erzieherinnen — Bilder und Orientierungen, die einem nicht immer bewusst sind (vgl. Kapitel 6 „Was mache ich mir für ein Bild?").

Pädagogik der Vielfalt

Tageseinrichtungen: Orte zur Einübung interkultureller Kompetenz

Kindergärten, Kinderhorte, Kinderkrippen: alle sind aus der Migrantenperspektive Institutionen der dominanten Gesellschaftskultur. Wie wird die kulturelle Vielfalt in der Gesellschaft in diesen Institutionen wahrgenommen? Verschiedene Möglichkeiten sind denkbar – und werden auch praktiziert.

Kulturelle Vielfalt wird als Problem wahrgenommen.

In den Medien werden Fragen um die Themen Migration und Wanderungsbewegungen, Asyl und Einwanderung, Integration und Zusammenleben meist als Problem dargestellt (wobei es durchaus auch positive Berichte gibt). Die Debatte um die Einstellung von hoch qualifizierten Fachkräften aus Asien für die Computerbranche ist ein Beispiel dieser problembezogenen Einstellung. Obwohl die viel zitierte Globalisierung ökonomisch gewollt wird, sind die sozialen und kulturellen Konsequenzen, die damit verbunden sind, auch heute noch eher ungewollt.

Auch in kulturell gemischten Kindergruppen sind es oft die Probleme, die vordergründig wahrgenommen werden. Erzieherinnen sehen die Sprachschwierigkeiten der Migrantenkinder, vermuten Identitätsprobleme, fürchten die Erwartungshaltung vieler Migranteneltern mit Blick auf den Eintritt in die Schule, oder bemängeln die eigenen fehlenden Kenntnisse über die Herkunftsländer und -kulturen der Kinder. Obwohl es unbestritten wichtig ist, Probleme wahrzunehmen und zu analysieren, die Tendenz zur Problembetonung kann aber eine positive Einstellung gegenüber den Chancen, die kulturelle Vielfalt mit sich bringt, verhindern.

Kulturelle Vielfalt wird „übersehen" oder verdrängt.

Eine ganz andere Tendenz ist das Verdrängen oder gar Ignorieren von Unterschieden in der Gruppe, nach dem Motto: „Die Kinder aus anderen Ländern finden sich schnell in die Gruppe ein, und für mich sind alle Kinder gleich, unabhängig von der Kultur. Wir sind wie eine große Familie." Hier stellt sich die Frage: Was lernen die Migrantenkinder bei dieser Haltung? Lernen sie, dass ihre Kultur präsent ist? Oder dass sie keinen Platz in den öffentlichen Institutionen hat, dass sie nur in der Familie gilt? Und was lernen die deutschen Kinder dabei?

Kulturelle Vielfalt wird zum Ausgangspunkt für interkulturelle Lernprozesse gemacht.

Eine dritte Möglichkeit besteht darin, kulturelle Vielfalt weder ausschließlich als Problem wahrzunehmen noch zu verdrängen, sondern die gegebene Situation positiv zu nutzen und sie zum Ausgangspunkt für interkulturelle Lernprozesse zu machen. Was heißt das?

Ziele einer interkulturellen Pädagogik

Inter ←----→ kulturell: Dialog und Austausch anregen

„Inter" auf lateinisch heißt „zwischen"; interkulturelle Pädagogik will Dialog und Austausch zwischen Kulturen unterstützen. Hier geht es nicht vorrangig um eine besondere „defizitorientierte" Förderung von Migrantenkindern (wie früher beim Konzept der so genannten „Ausländerpädagogik"); es geht auch nicht um die Aufklärung deutscher Kinder über Besonderheiten anderer Kulturen. Im Vordergrund steht der Dialog und ein Bemühen, Wege zu finden, den selbstverständlichen Austausch zwischen verschiedenen Kulturen zu unterstützen.

Kulturelle Aufgeschlossenheit fördern

Kulturelle Aufgeschlossenheit und kulturelles Selbstbewusstsein sind Kompetenzen, die im europäischen Kontext immer wichtiger werden. Für Migrantenkinder gehört der Umgang mit unterschiedlichen kulturellen Milieus zum Alltag. Auch deutsche Kinder müssen sich zunehmend in einer kulturell pluralen Gesellschaft bewegen. Sie brauchen ein Umfeld, das ihnen einen selbstbewussten und selbstverständlichen Umgang mit fremden Sprachen und Kulturen ermöglicht.

Bikulturelle Kompetenzen unterstützen

Kindertageseinrichtungen sind Orte, wo Kinder gemeinsam lernen, spielen, handeln; sie sind Orte, wo Kinder ihre eigene Identität im multikulturellen Rahmen bewusst wahrnehmen und stärken können, wo sie Bikulturalität und Multikulturalität „einüben" und leben können. Dieses „Leben können" setzt eine aktive Unterstützung von Seiten der Erzieherin voraus. So gilt es, die vielfältigen Lern- und Entwicklungschancen in einer multikulturell und mehrsprachig zusammengesetzten Kindergruppe wahrzunehmen und gezielt für die Entwicklung bikultureller Kompetenzen und kultureller Aufgeschlossenheit zu nutzen.

1. Pädagogik der Vielfalt

Erzieherinnen als Kulturvermittler und Vermittler zwischen Kulturen

Pädagogische Fachkräfte spielen heute eine zentrale Rolle in der Kulturvermittlung und in der Vermittlung zwischen Kulturen. Multikulturalität in der Kindergruppe fordert nicht nur die Akzeptanz von „anderen" Sichtweisen, sondern auch das selbstkritische Infragestellen eigener Einstellungen und Praktiken. Dies sind Reflexionsprozesse mit hohem fachlichen und persönlichen Anspruch. Die Dinge aus verschiedenen Perspektiven zu sehen – Multiperspektivität – ist heute eine Grundvoraussetzung für die Arbeit in kulturell gemischten Kindergruppen – als Kompetenz und als pädagogische Strategie.

Dazu gehört zum Beispiel:

– „Selbstverständliches" aus einer anderen Perspektive wahrnehmen.
– Die verschiedenen Sprachen in der Gruppe aufgreifen und einsetzen.
– Unterschiede und Gemeinsamkeiten wahrnehmen und damit bewusst umgehen.
– Migranteneltern und -geschwister in die Arbeit einbinden.

Wer hat welche Rechte?

Es ist heute schwieriger geworden, allgemein verbindliche, gesellschaftlich abgesicherte Werte und Richtlinien des Zusammenlebens zu bestimmen. Was bedeutet dies für das Aufwachsen von Kindern, wenn die Erwachsenen unsicherer geworden sind mit Blick auf Erziehungsfragen? Wie werden Verständigungsprozesse zwischen Eltern und pädagogischen Fachkräften über ihre Erziehungsvorstellungen gestaltet? Wie wird eine demokratische Kultur der Verständigung und des Aushandelns verstanden?

In der Diskussion um demokratische Grundsätze in Kindertageseinrichtungen werden drei Ebenen unterschieden.

1. Das Recht der Lern- und Entwicklungschancen für den Einzelnen (die individuelle Ebene).
2. Das Recht der Anerkennung, der Teilhabe an der Gruppe, der Einbindung und Zusammengehörigkeit (die Gruppenebene).
3. Das Recht der Beteiligung, der Partizipation (die politische Ebene).

Bezogen auf Tageseinrichtungen heißt das: Genießen alle Kinder, alle Eltern diese Rechte, oder ist die Verteilung dieser Rechte ungleich, unterschiedlich?

Wesentlich ist eine Auffassung von Erziehung zur Demokratie, die das bisherige, sich eng auf nationale Grenzen beziehende Verständnis überwindet. Ein mehrdimensionaler Ansatz geht von drei Ebenen der individuellen Bewusstseinsbildung und der sozialen Beteiligung aus:

– Die lokale, d.h. die individuelle und institutionelle Ebene.
– Die nationale, d.h. die Ebene des politischen Systems.
– Die internationale, d.h. die europäische und die globale Ebene.

Multikulturalität und pädagogische Konzeption: Eine Aufgabe für Träger und pädagogische Fachkräfte

Als Teil einer Befragung von 38 Fachkräften in 14 Kindertageseinrichtungen (10 Kindergärten, 3 Kinderhorten, 1 Kinderkrippe) im Jahr 1997 wollten wir wissen:

– Wird die multikulturelle Dimension der Bildungs- und Erziehungsarbeit in einer Einrichtungskonzeption schriftlich fixiert?
– Wird sie nach außen deutlich?
– Gehört sich zum sichtbaren Profil der Einrichtung?
– Ist sie Teil des erklärten „Programms" der Einrichtung?

Zusammenfassend konnten wir feststellen: Die Zusammenarbeit mit Kindern und Familien aus anderen Kulturen war nur in wenigen Fällen in den Einrichtungs- und Trägerkonzeptionen ausdrücklich formuliert (vgl. Pamela Oberhuemer, Michaela Ulich & Monika Soltendieck (1999). Kulturenvielfalt in Kindertageseinrichtungen. Empfehlungen an Träger und Trägerorganisationen. KiTa aktuell BY, (4), 89-91).

Vielleicht hat sich diese Situation mittlerweile geändert. Es wäre zu hoffen, denn: Den Rahmen zu schaffen für die öffentliche Anerkennung von Multikulturalität liegt einerseits in der Verantwortung des Trägers – als Teil der Steuerungsfunktion des Einrichtungsträgers. Gleichzeitig ist sie Aufgabe des Fachpersonals. Eltern brauchen Informationen über die Ziele der Einrichtung und über die Vorstellungen des Personalteams. Eine schriftlich fixierte Konzeption schafft Verbindlichkeit nach innen und einen Bezugsrahmen für den Dia-

Pädagogik der Vielfalt 1.

log. Sie ist zugleich ein Signal nach außen. Sie macht deutlich, ob Kinder und Familien aus anderen Kulturen willkommen sind. Sie macht deutlich, ob interkulturelle Kompetenz als wichtiges Bildungs- und Erziehungsziel für alle Kinder gesehen wird.

Vielfalt der Kulturen – die Welt trifft sich im Kindergarten

Wir sind Zeitzeugen weltweiter Wanderungsbewegungen. Bei mehr als einem Viertel der Kinder in Deutschland kommen heute entweder Vater oder Mutter oder beide Eltern aus einem anderen kulturellen Milieu. Diese Kinder und Familien haben nicht nur eine jeweils individuelle und gruppenspezifische Migrationsgeschichte, sondern auch einen jeweils unterschiedlichen rechtlichen Status (vgl. Kapitel 5).

Es leben aber nicht nur wesentlich mehr Personen mit einem nichtdeutschen Pass in Deutschland als noch vor 10 Jahren, sondern die Vielfalt der Herkunfts- und Bezugskulturen hat deutlich zugenommen. Eine Momentaufnahme in München illustriert dies. In nur 14 Tageseinrichtungen finden wir Kinder aus Afghanistan, Albanien, Algerien, Angola, Äthiopien, Bosnien-Herzegowina, Bulgarien, China, Dänemark, Frankreich, Griechenland, Großbritannien, Iran, Italien, Jordanien, Jugoslawien, Korea, Kroatien, Marokko, Mexiko, Niederlande, Nigeria, Norwegen, Österreich, Polen, Portugal, Rumänien, Russland, der Slowakei, Somalia, Spanien, Syrien, Tansania, der Tschechischen Republik, Tunesien, der Türkei, Ungarn, den USA, Vietnam und Zypern. Das sind über 40 verschiedene Nationalitäten aus allen Kontinenten und Erdteilen: die Welt im Mikrokosmos Kindertageseinrichtung.

Anfangs wurde behauptet, dass die sozialintegrative Funktion von Tageseinrichtungen wächst. Ein öffentliches Bekenntnis zur multikulturellen Dimension der Bildungs- und Erziehungsarbeit in der Einrichtungskonzeption ist ein wichtiger Schritt im Sinne einer gesellschaftspolitischen Positionierung. Eine bewusst gestaltete Umsetzung dieser Grundsätze ist aktive Demokratiearbeit.

2.

Sprachentwicklung:
Kinder, die mit verschiedenen Sprachen aufwachsen

Michaela Ulich

Sprachentwicklung

Zur Einführung einige Begriffe

Muttersprache – Erstsprache – Familiensprache

Der Begriff Muttersprache ist zwar sehr geläufig, kann aber verwirrend sein. Was heißt „Muttersprache" in binationalen Familien, bei denen die Mutter mit dem Kind Französisch, der Vater mit ihm Deutsch spricht? Klarer und weniger „bewertend" sind die in mehrsprachigen Umwelten gängigen Begriffe Erstsprache und Familiensprache.

Zweisprachigkeit und Zweitspracherwerb

Zweisprachigkeit kann vieles heißen. Manche verstehen darunter die perfekte, muttersprachenähnliche Beherrschung zweier Sprachen, für andere ist ein Kind bereits zweisprachig, wenn es eine Sprache beherrscht und eine zweite Sprache mehr oder weniger versteht, aber nicht spricht. Wir bevorzugen hier die Bezeichnung „zweisprachig aufwachsende Kinder".

Denn zunächst geht es um eine Lebensform: Viele Migrantenkinder leben in und mit verschiedenen Sprachen. So stellt sich Frage: Mit welchen Sprachen in der Familie und Umgebung wächst ein Kind auf, und wie geht es mit dieser zwei- oder mehrsprachigen Situation um? Wenn wir dagegen von dem abstrakten Ideal der Zweisprachigkeit ausgehen, dann folgt meist die Frage: „Ist dieses Kind denn wirklich zweisprachig?" So fixiert sich der Blick sogleich auf Sprachbeherrschung bzw. Sprachprobleme, und nicht auf den Prozess der sprachlichen Aneignung in der jeweiligen Umwelt des Kindes.

Wenn Kinder zweisprachig aufwachsen, gibt es grob gesprochen zwei Möglichkeiten:

(1) Doppelspracherwerb, bilinguale Erziehung: Kinder lernen beide Sprachen gleichzeitig, von Geburt an;

(2) Zweitsprache bzw. Zweitsprachenerwerb: Kinder lernen die Sprachen nacheinander, die eine Sprache ab Geburt, die zweite Sprache ab dem 3. oder 4. Lebensjahr, oder auch später.

Natürlicher Spracherwerb – auch in der Zweitsprache

Der natürliche Spracherwerb unterscheidet sich vom Fremdsprachenunterricht. Im natürlichen Spracherwerb wird eine Sprache in der alltäglichen Kommunikation gelernt: in der Familie, in der Spielgruppe oder auch in der Schule im Pausenhof usw. Im gesteuerten Spracherwerb dagegen, z.B. im Fremdsprachenunterricht, wird das Lernen formal organisiert, die Sprache wird als Sprache unterrichtet, mit klar aufeinander aufgebauten didaktischen Einheiten.

Sowohl bei der Erstsprache (Muttersprache) als auch bei der Zweitsprache spricht man bei Kindergartenkindern von natürlichem Spracherwerb. Denn, wenn Maria aus Portugal in München in den Kindergarten geht, dann lernt sie ihre Zweitsprache Deutsch vor allem in einer Situation des natürlichen Spracherwerbs und nicht des Sprachunterrichts – sie bekommt in der neuen Sprache eine Fülle von Eindrücken. Rundherum hört sie wie Kinder und Erwachsene etwas sagen, das sie nicht versteht und erst allmählich kann sie einzelne Laute und Bedeutungen zuordnen und verstehen. Je mehr persönliche Zuwendung und sprachliche Anregung Maria bekommt, desto schneller wird sie Deutsch lernen.

Sprachentwicklung als Teil der Gesamtentwicklung

Es ist allgemein bekannt, dass die Sprachentwicklung von Kindern mit vielen anderen Entwicklungsprozessen zusammenhängt. Dies gilt nicht nur für die Erstsprache, es gilt auch für die Zweitsprache. Das heißt:

■ Es müssen bestimmte Entwicklungsvoraussetzungen gegeben sein – im Hören, Sehen, in der Feinmotorik (Zunge, Lippen, Mundmuskulatur), in der kognitiven und sozial-emotionalen Entwicklung;

■ die Sprachentwicklung ist abhängig vom emotionalen und geistigen Klima, in dem ein Kind lebt. Welche Art von Zuwendung, Kontaktaufnahme und Anregungen erfährt ein Kind in der Erst- und in der Zweitsprache? Wie reagiert die Umwelt auf die Kontaktversuche des Kindes? (Vgl. auch Kapitel 3, Abschnitt „Kinder als Gesprächspartner")

Von Anfang an mit zwei Sprachen: Wie „getrennt" sind die zwei Sprachen bei einem Kind?

Wenn Kinder von Anfang an mit zwei Sprachen aufwachsen, durchlaufen sie in der Regel verschiedene Phasen im Umgang mit den beiden Sprachen. Es ist wichtig festzuhalten, dass hier nur Entwicklungstendenzen skizziert werden und nicht klar getrennte Phasen.

2. Sprachentwicklung

Phase 1:

Kinder benutzen Wörter aus beiden Sprachen, wobei sie am Anfang diese in der Regel noch nicht nach Person trennen.

Bett, Mama, doll (Englisch: Puppe)

Es ist meistens so, dass ein Gegenstand mit einer bestimmten Sprache und noch nicht mit zwei Sprachen assoziiert wird. So benutzen Kinder mit deutsch-englischen Eltern z.B. für Tür das englische Wort (door), für Bett das deutsche Wort.

Phase 2:

Allmählich werden dann, was den Wortschatz angeht, die beiden Sprachsysteme auseinander gehalten, das Kind hat ein Bewusstsein von zwei Sprachen, trennt sie nach Personen, und schließlich fragt es sogar manchmal seine deutsche Mutter „wie sagt der Papa?" – was soviel bedeutet wie „was heißt das auf Englisch?"

Diese „Trennung" der beiden Sprachen betrifft zunächst mehr den Wortschatz, noch nicht die Grammatik, den Satzbau.

Phase 3:

In der letzten Phase lernen Kinder auch die verschiedenen Regeln für den Satzbau in der jeweiligen Sprache (Stellung der Worte im Satz, Verbformen usw.).

Wenn Erwachsene die Sprachen getrennt halten: Eine Orientierungshilfe, kein absolutes Prinzip

Allgemein nimmt man an, dass Kinder die beiden Sprachen am besten und schnellsten trennen, wenn sie für das Kind nach Situation und Person getrennt sind. Das heißt zum Beispiel bei einem deutsch-portugiesischen Ehepaar, das sich entschließt, das Kind zweisprachig zu erziehen, sollte zuhause die Mutter mit dem Kind relativ konsequent Portugiesisch, der Vater Deutsch sprechen. Diese Annahme beruht allerdings auf Einzelfallstudien, umfassendere empirische Studien dazu sind uns nicht bekannt. Folgende Beobachtungen vor allem bei jüngeren Kindern sprechen aber dafür, dass es für Kinder zunächst tatsächlich angenehmer ist, wenn sie eine Person mit einer Sprache identifizieren können: so sind manche Kinder ganz ungehalten, wenn ihre portugiesische Mutter plötzlich mit ihnen Deutsch spricht. Möglicherweise ist das Kind gerade in einer Phase der Orientierung und bemüht sich um eine Trennung der beiden Sprachsysteme, und beharrt deshalb auf eine strikte Trennung nach Person.

Grundsätzlich ist dies für Kinder ein wichtiges Vorbild: Erwachsene, die sich bemühen, je nach Situation in einer Sprache zu bleiben, auch wenn sie zweisprachig sind. Allerdings sollte das Prinzip „eine Sprache = eine Person" nicht absolut rigide angewandt werden. Bei älteren Kindern beobachtet man häufig Unbehagen, wenn die Mutter konsequent mit ihrem Kind Portugiesisch spricht, auch wenn deutsche Freunde anwesend sind. Das ist „unhöflich", und für Kinder eine künstliche Abgrenzung.

Damit sind wir bei einem wichtigen und kontroversen Thema: „Sprachwechsel" bzw. „Sprachmischung".

Sprachmischung bzw. Sprachwechsel – in vielen Situationen ganz natürlich

Ein Kind bleibt nicht bei einer Sprache, springt dauernd zwischen Portugiesisch und Deutsch hin und her, oder es macht Fehler im deutschen Satzbau, weil es anscheinend Formen des Portugiesischen ins Deutsche überträgt. Für viele Pädagogen sind das Beispiele für die „Probleme" von zweisprachig aufwachsenden Kindern: Sie können, so die Annahme, die beiden Sprachen nicht auseinander halten.

Zunächst gilt es, verschiedene Formen der Sprachmischung zu unterscheiden:

Interferenz

Von Interferenz spricht man, wenn Strukturmerkmale der einen Sprache – hier der Erstsprache – auf die Zweitsprache übertragen werden und es daher z.B. zu Fehlern im Satzbau der Zweitsprache kommt. Es handelt sich also um eine „unfreiwillige" und nicht bewusste Sprachmischung. Früher erklärte man fast alle Fehler in der Zweitsprache mit dem Phänomen der Interferenz und argumentierte dann, dass Kinder ja offensichtlich überfordert seien, denn sie würden die beiden Sprachen vermischen und deshalb die Zweitsprache nicht richtig lernen können. Heute weiß man, dass Interferenzerscheinungen eher beim Fremdsprachenunterricht vorkommen, beim natürlichen Zweitsprachenerwerb, um den es uns hier geht, sind sie eher selten. Man erklärt heute Fehler im Satzbau anders: Sie sind typisch für ein ganz normales und geregeltes Zwischenstadium beim Lernen einer Zweitsprache.

Sprachentwicklung

Sprachmischung – code-Wechsel

Sprachmischung bedeutet, dass Kinder bei einer Äußerung zwei verschiedene Sprachen benutzen. Sie sprechen gerade Deutsch und mitten im Satz taucht ein türkisches Wort auf, oder ganze Satzteile sind dann auf Türkisch. Man spricht in diesem Zusammenhang auch von code-Wechsel, insbesondere, wenn der Sprecher für längere Einheiten von einer Sprache zur anderen wechselt – wobei diese beiden Begriffe nicht trennscharf sind.

Sprachwechsel je nach Ansprechpartner und Situation

Die meisten Kinder im Kindergartenalter wissen, dass sie sich in verschiedenen sprachlichen Systemen bewegen. Sie können also prinzipiell und z.T. intuitiv ihre beiden Sprachen auseinanderhalten und richten sich in ihrer Sprachwahl nach dem jeweiligen Gegenüber. Mit einer deutschen Erzieherin wird ein deutsch-portugiesisches Kind in der Regel Deutsch sprechen. Wenn sie aber mit zwei- und mehrsprachigen Freunden oder Erwachsenen zusammen sind, ist Sprachmischung etwas ganz Normales. Wichtig ist, ob ein Kind die beiden Sprachen trennen kann (Trennungsfähigkeit) und nicht, ob es dies in jeder Situation auch tut.

Zusammenfassend:

Kinder können normalerweise „ihre" beiden Sprachen sehr wohl unterscheiden, und benutzen dennoch in bestimmten Situationen ganz selbstverständlich beide Sprachen, das macht die Kommunikation „reichhaltiger" und flexibler für sie. Dabei wird oft sehr kreativ mit Sprache umgegangen. Sprachmischung und Sprachwechsel gehören zur ganz normalen Sprachpraxis in mehrsprachigen Kindergruppen – dasselbe gilt für Erwachsene. Dies widerspricht der Perspektive von vielen Erzieher/innen und Lehrer/innen, die Sprachwechsel oft nur auf „Ausdrucksnot" zurückführen und glauben, das Kind weiß gerade nicht, wie das Wort in der anderen Sprache heißt. Sprachwechsel kann viele Gründe haben und Sprachmischung ist nicht grundsätzlich eine Gefahr für die Sprachentwicklung, sie ist in bestimmten Situationen ganz natürlich – in anderen nicht (vgl. nachfolgenden Abschnitt „Wenn Kinder die Sprachen gar nicht auseinanderhalten").

Wann wechselt ein Kind von einer Sprache in die andere, warum „mischt" z.B. Mario aus Portugal Deutsch und Portugiesisch?

Aus ganz verschiedenen Gründen:

→ Ein Wort ist im Deutschen gerade nicht präsent;

→ ein deutsches Wort ist für ihn unbekannt oder schwierig auszusprechen;

→ der entsprechende portugiesische Ausdruck „passt" gerade besser;
er möchte etwas ganz besonders betonen;

→ er ist aufgeregt oder berührt;

→ er will sich von deutschen Kindern oder Erwachsenen abgrenzen;

→ er möchte seine Zugehörigkeit markieren in einer deutsch-portugiesischen Kindergruppe.

Pädagogisch sinnvolle Regeln zum Thema „Sprachmischung"

Auch wenn Sprachmischung in bestimmten Situationen durchaus natürlich ist, sollten Kinder immer wieder ihre „Trennungsfähigkeit" und die Fähigkeit, in einer Sprache zu bleiben, üben.

Was heißt das pädagogisch?

Versucht man zweisprachigen oder mehrsprachigen Kindern, wenn sie unter sich sind, die Sprachmischung zu verbieten, so ist das für die Kinder ganz unnatürlich. Sinnvoller ist es, für bestimmte Gelegenheiten – z.B. Stuhlkreis oder Bilderbuchbetrachtung – hin und wieder „Sprachregeln" einzuführen, das heißt, z.B. fest abgegrenzte Zeiten, wo nur eine Sprache „gilt".

Wenn Kinder die Sprachen gar nicht auseinanderhalten

Es ist wichtig zu beobachten, wann und wie Kinder die Sprachen mischen. Richten sich Kinder – wie im vorhergehenden Abschnitt beschrieben – in ihrer Sprachwahl weitgehend nach ihrem Gegenüber, dann ist das durchaus entwicklungsangemessen. Wenn sie aber mehrere Monate lang wahllos und dauernd mischen, egal mit wem sie sprechen (auch mit der deutschsprachigen Erzieherin), dann muss die Erzieherin genauer hinschauen. Möglicherweise haben diese Kinder noch kein Bewusstsein für ihre beiden Sprachen und entsprechend keine „Trennungsfähigkeit".

Ein erster Schritt ist der Versuch, spielerisch dieses Bewusstsein zu fördern, z.B. mit einem Handpuppenspiel. Beispiel:

2. Sprachentwicklung

Man nimmt zwei verschiedene Handpuppen (z.B. die eine rot, die andere grün); die eine Puppe kann nur deutsch, die andere nur türkisch. Immer wenn die jeweilige Sprache auftaucht, kommt die betreffende Puppe in Aktion. Zunächst kann die Erzieherin die beiden Puppen nehmen und immer, wenn das Kind z.B. gerade Deutsch spricht, dann ist die „deutsche" Puppe in Aktion, und wenn es dann ins Türkische wechselt, kommt die „türkische" Puppe zum Zug. Danach kann das Kind die beiden Puppen nehmen und selbst damit den Wechsel „spielen".

Dabei muss man beobachten, ob bei diesem Kind eine Trennungsfähigkeit da ist bzw. ob diese sich allmählich entwickelt. Falls dies nicht der Fall ist, sollte eine fachkundige Beratung hinzugezogen werden.

Wie lernen Kinder eine Zweitsprache? Einige „Zwischenstufen" und Strategien

Kinder nutzen ihr Vorwissen

Beim Lernen einer Zweitsprache verläuft vieles ganz ähnlich wie beim Lernen der Erstsprache. Dennoch gibt es einige Unterschiede, denn das Kind fängt nicht von vorne an, es durchläuft nicht alle Stadien noch einmal; es benutzt vielmehr sein Vorwissen und seine Vorerfahrungen, um sich in der neuen Sprache orientieren und um kommunizieren zu können. Dies ist im Kindergartenalter kein bewusstes, sondern ein eher intuitives Wissen. Dazu gehört z.B. das Wissen, dass Sprache in Sätzen organisiert ist, dass sprachliche Mitteilungen nicht einfach durch wahlloses Aneinanderreihen von Wörtern gebildet werden, sondern nach bestimmten formalen Ordnungsprinzipien und Regeln ausgerichtet sein müssen. So versuchen Kinder relativ bald in Sätzen zu sprechen.

Der Anfang: Eine bestimmte Art von Sätzen taucht immer wieder auf

Für den Anfang wählen viele Kinder einen bestimmten, relativ einfachen Satzbautyp aus und benutzen diesen dann bei jeder passenden (und unpassenden) Gelegenheit. Am häufigsten tauchen Sätze auf wie: „die rot", „die kaputt", „das für dich" „das besser"; einige Kinder schnappen sehr bald feststehende Redewendungen auf, wie „schau mal", und setzen diese häufig ein. Erst allmählich produzieren Kinder dann verschiedene und komplizierte Satzkonstruktionen.

Satzbau, Grammatik

Schrittweise entwickelt sich eine „deutsche" Satzstruktur – für eine gezielte Beobachtung der „Grammatik"-Entwicklung vgl. das Beobachtungsverfahren *Sismik*, Teil 2 (Ulich & Mayr, 2003). Zunächst reihen Kinder Wörter aneinander, dann lernen sie z.B. allmählich, wo im Deutschen das Verb im Satz steht. Auch die Verneinung durchläuft oft verschiedene Stufen. So setzen manche Kinder das Wort „nein" ein, auch wenn es nicht passt – es ist ein einfaches, eindeutiges und gleichzeitig flexibel einsetzbares Wort, das noch keine schwierigen Konstruktionen erfordert. Oft taucht es am Anfang des Satzes auf („nein kaputt"), und wird dann variiert („Peter nein spielen"). Später wird auch „nicht" benutzt – erst allmählich in der korrekten Satzstellung. All dies ist nicht beliebig, das Kind bildet sich Regeln zu diesem Wort und anderen Satzteilen (z.B. Verb und Verneinung), erst allmählich kann es sich die verschiedenen Regeln aneignen und der korrekten Form nähern.

Das Prinzip der Vereinfachung – das macht den Einstieg leichter

Anders als beim Sprachunterricht ist für Kinder, die neu in den Kindergarten kommen, das Deutschlernen eine Frage des Überlebens in der Gruppe; sie müssen die Sprache lernen, um „dazuzugehören". Sie sind konfrontiert mit einer unendlichen Fülle von Reizen und Informationen, die sie nicht verstehen, und sie können sich nicht mitteilen. Gleichzeitig möchten sie gerne bald „mitmischen". In dieser Situation entwickeln Kinder (und Erwachsene) Strategien, die ihnen die Orientierung und den Einstieg in diese neue Welt leichter machen.

Zu diesen Strategien gehört vor allem das Prinzip der Vereinfachung und Auslassung. Es werden insbesondere Wörter ausgelassen, die keine wesentliche Information enthalten.

Ein Beispiel: Maria sagt zu Melanie „Bauecke spielen" (gemeint ist: ich möchte jetzt in der Bauecke spielen).

Ausgelassen werden hier – und das ist typisch: Ich (Pronomen), in (Präposition), der (Artikel), möchte (Hilfsverb bzw. Modalverb).

Viele „Anfänger" benutzen nach einer Weile für alle Worte ein und denselben Artikel (der Puppe, der Wagen, der Brot) und bevorzugen beim Verb eine Form („gehen" oder „gehe").

Sprachentwicklung 2.

Das Kind reduziert auf diese Weise die Vielfalt der Formen und erleichtert sich den Einstieg in die neue Sprache – mit Hilfe dieser Strategien. Erst allmählich nähert es sich der „korrekten" Form.

Auch „Fehler" geben einen Sinn

Man spricht im Zusammenhang mit den eben beschriebenen „Fehlern" von einer „Lernersprache". Das heißt, die meisten „Zweitsprach-Lerner", egal welche Familiensprache sie haben, durchlaufen beim Lernen der Zweitsprache bestimmte geregelte Phasen, sie machen nicht einfach individuelle „Fehler". So gesehen ist es nicht besonders sinnvoll, diese sog. „Fehler" von Kindern zu korrigieren, sie sind teilweise „vorprogrammiert", sie erleichtern Kindern den Einstieg und sie werden allmählich abgebaut (zum Umgang mit „Fehlern" vgl. Kapitel 3 Abschnitt „Wie reagiere ich auf Fehler?").

Wie Kinder sich sprachlich „durchlavieren", damit sie bald „dazugehören"

Vor allem kontaktfreudige Kinder, die neu in die Gruppe kommen, wollen bald dazugehören und „mitmischen" – auch wenn sie nur sehr wenig Deutsch können. So entwickeln viele Kinder beim Zweitsprachenerwerb ein Art „soziales" und strategisches Sprachverhalten, mit dem sie ihre Lücken geschickt kaschieren und ihr Können maximal ausnützen. Dies betrifft vor allem ältere Kinder. Der Sprachforscher François Grosjean hat die Perspektive und das Verhalten von solchen Kindern folgendermaßen beschrieben:

– ich gehe davon aus, dass das, was geredet wird, sich unmittelbar auf die jeweilige Situation oder Handlung bezieht und rate dann einfach, was es sein könnte
– ich tu in der Gruppe so, als würde ich verstehen, was gesprochen wird, auch wenn ich es nicht verstehe
– ich lerne ein paar Ausdrücke und Sätze, und setze die oft ein, und so glauben die anderen, dass ich schon fast fließend sprechen kann
– ich nütze das, was ich schon kann, maximal aus
– ich konzentriere mich erst auf die größeren Einheiten; Einzelheiten kommen später.

Wenn die Sprache sich nicht mehr weiter entwickelt

Einige Lerner bleiben allerdings bei bestimmten Grammatikfehlern (und bei einem sehr begrenzten Wortschatz) stehen, es kommt zu einer sog. Einfrierung bzw. „Fossilierung". Das heißt aber nicht, dass die Fehler des betreffenden Kindes von Erwachsenen nicht oft genug verbessert wurden. Die Gründe für einen solchen Stillstand sind meist komplexer:

– Es fehlt dem betreffenden Kind an Motivation, die Sprache weiter zu lernen (z.B. weil es annimmt, dass es Deutschland bald wieder verlassen wird; oder: es findet keine deutschen Freunde);
– das Kind bekommt insgesamt zuwenig sprachliche Anregung;
– es handelt sich um eine allgemeine sprachliche Entwicklungsverzögerung, die sich nicht auf die Zweitsprache beschränkt.

Was nun tatsächlich eine Rolle spielt, ist oft schwierig zu sagen. In jedem Fall ist es wichtig, zu beobachten, ob das Kind den Kontakt mit deutschsprachigen Kindern meidet und nur selten in deutscher Sprache Kontakt aufnimmt; ob es vor allem mit jüngeren Kindern spielt und spricht; ob es generell schüchtern und gehemmt wirkt und den Kontakt mit Kindern meidet. Weitere Fragen sind: Wie ist das sprachliche Kontaktverhalten in der Bring- und Abholsituation? Was sagen die Eltern über die Sprachkompetenz des Kindes in der Familiensprache?

Was haben wir für ein Bild von zweisprachigen Kindern?

Immer noch ist Zweisprachigkeit und Mehrsprachigkeit hierzulande etwas besonderes und wir vergessen, dass mindestens die Hälfte der Weltbevölkerung zwei- und mehrsprachig aufwächst und dass es z.B. in Europa kaum einsprachige Gesellschaften gibt. Auch historisch gesehen ist das Ideal der perfekten Beherrschung einer „Nationalsprache" gar nicht so selbstverständlich: Die Idee einer „einheitsstiftenden" Nationalsprache gibt es im europäischen Raum erst seit der Gründung des bürgerlichen Nationalstaates – in Deutschland Ende 18./Anfang 19. Jahrhundert. Früher war Mehrsprachigkeit von Individuen und Gesellschaften ganz selbstverständlich.

2. Sprachentwicklung

Unser sprachliches Selbstverständnis ist heute etwas schillernd. Einerseits ist die Beherrschung mehrerer Sprachen ein Ideal und ein Bildungsgut. Bei unserer Befragung von pädagogischen Fachkräften im Raum München wurde diese Tendenz ganz deutlich: 95% der befragten Fachkräfte würden ihre eigenen Kinder gerne, wenn es möglich wäre, zweisprachig aufwachsen lassen. Anderseits, sobald es um konkrete Fragen der Sprachentwicklung und Sprachförderung von Kindern in Tageseinrichtungen geht, dann tauchen ganz andere Bilder auf: Der Blick richtet sich vor allem auf „Sprachprobleme" in einer Sprache – nämlich Deutsch.

1+1=2 : So funktioniert Zweisprachigkeit nicht

Häufig gehen wir bewusst oder unbewusst davon aus, dass ein zweisprachiges Kind eigentlich zwei einsprachige Kinder in sich vereint bzw. vereinen sollte. Dementsprechend haben wir dann auch dieselben Maßstäbe und Erwartungen wie bei einsprachigen Kindern. In der Fachliteratur spricht man in diesem Zusammenhang vom „monolingualen und monokulturellen" Blick, der die Besonderheit von zweisprachigen Lebensformen nicht wahrnimmt.

Kinder, die in verschiedenen Kulturen und Sprachen leben, entwickeln ein eigenes sprachliches und kulturelles Profil, etwas Neues entsteht und nicht nur die Summe von zwei Teilen: Sprache 1 + Sprache 2. Das heißt: Kinder, die sich in ganz verschiedenen Systemen orientieren müssen, entwickeln in der Regel andere Anpassungs- und Orientierungsstrategien als einsprachig aufwachsende Kinder. Zur systematischen Beobachtung der Sprachentwicklung von Migrantenkindern vgl. Abschnitt über Sismik am Ende von Kapitel 3.

Deutschlernen in der Kindertageseinrichtung

Michaela Ulich

3.

3. Deutschlernen in der Kindertageseinrichtung

Die Anfangssituation – wenn Kinder kein Deutsch sprechen ...

Der Übergang von der Familie in die Tageseinrichtung ist für viele Kinder und Eltern schwierig und diese Übergangssituation ist Fachkräften generell sehr vertraut. Wir möchten hier deshalb nur eine ganz spezifische Anfangssituation herausgreifen: Wenn Kinder ohne Deutschkenntnisse in den Kindergarten kommen. Denn, nach Aussagen von Erzieherinnen, kommen nach wie vor viele Kinder in den Kindergarten, die zunächst kein oder kaum Deutsch können – auch aus Familien, die schon länger hier leben, wie z.B. türkischen Familien. Diese Anfangssituation kann für Fachkräfte und Kinder sehr belastend sein, denn zusätzlich zu der „normalen" Fremdheit, die viele Kinder in den ersten Wochen im Kindergarten empfinden, gibt es kaum Möglichkeiten der sprachlichen Verständigung zwischen der deutschsprachigen Erzieherin und dem fremdsprachigen Kind.

Umso gewichtiger sind für ein Kind in dieser Situation sichtbare Zeichen und Gesten der Zuwendung – im Blickkontakt, in der Gestik und Mimik der Erzieherin. Grundsätzlich brauchen Migrantenkinder, die keinen Kontakt finden und eher traurig oder unbeteiligt am Rande stehen, ähnliche Unterstützung wie deutschsprachige Kinder. Gleichzeitig ist aber die gezielte Beobachtung und die Bereitschaft, sich auf fremde Sprachen einzulassen, für diese Kinder besonders wichtig.

Die gezielte Beobachtung der neuen Kinder

Da die Kinder sich nicht mitteilen können (dasselbe gilt für viele deutschsprachige Kinder in der Anfangssituation) ist es besonders wichtig, trotz des „Anfangstrubels" die einzelnen Kinder genau zu beobachten:

- Was macht dem Kind besonders Angst?
- Wann lächelt es?
- Wann bewegt sich in seinem Gesicht etwas?
- Wann wird es ansatzweise aktiv?

Vielleicht finde ich dann einen Ansatzpunkt, um das Kind anzusprechen, vielleicht entdecke ich etwas, das ihm gefällt. Zur Sprachbeobachtung vgl. Abschnitt über *Sismik* am Ende dieses Kapitels.

Ein paar Worte in der Familiensprache des Kindes

Wenn ich als Bezugsperson ein paar Worte in der Familiensprache des Kindes lerne, dann signalisiere ich ihm, dass ich mich um „seine" Welt bemühe, dass ich gerne Kontakt hätte und auch etwas von ihm lernen möchte.

Das neue Kind bekommt einen „Paten"

Ein älteres Kind hilft einem Neuankömmling, sich in der Einrichtung zu orientieren. Der „Pate" oder die „Patin" können dieselbe Familiensprache sprechen, oder, falls nicht, könnten auch sie ein paar Sätze in der Sprache des Patenkindes lernen, als symbolische Geste der Gastfreundschaft – hallo, guten Tag, danke, bitte usw.

Rhythmusbetonte Tanz-, Sing- und Kreisspiele

Hier machen erfahrungsgemäß auch Kinder mit, die wenig Deutsch können und die noch keine Kontakte in der Gruppe haben; sie können, angesteckt vom Rhythmus und von der rhythmischen Gliederung des Spiels, einfach „mitschwingen" und mit klatschen und ein Gefühl von Gemeinschaft erleben.

Klar signalisierte, ruhige Phasen im Tagesablauf

Für Kinder, die sich nicht verständigen können, ist der „Trubel" und Lärmpegel in einer Kindergruppe am Anfang besonders belastend. Eine Erleichterung sind hier für einige Kinder klar abgegrenzte Ruhepausen im Tagesablauf; hier bieten sich u.a. Rituale an, die Kinder aus verschiedenen Kulturen von zuhause her wahrscheinlich kennen, z.B. gemeinsame „festliche" Brotzeit mit ausgiebigem Tischdecken usw.

Kontakt- und Kennenlernspiele

Beliebte Kennenlernspiele wie „mein rechter Platz ist frei" oder Ball werfen mit Namen ausrufen, die im Stuhlkreis oder in der größeren Gruppe gespielt werden, sind am Anfang für Kinder ohne deutsche Sprachkenntnisse manchmal belastend. Handpuppenspiele in der Kleingruppe – wobei die Puppe das betreffende Kind in „seiner" Sprache begrüßt – können vielleicht das Eis brechen.

Deutschlernen in der Kindertageseinrichtung 3.

„Sprachförderung" – Was heißt das? Unsere Position

Sprachförderung von Migrantenkindern ist ein sehr aktuelles und umstrittenes Thema. Aus diesem Grund möchten wir kurz unsere Position darlegen:

- Grundlage für eine differenzierte Sprachförderung ist die systematische Beobachtung der Sprachentwicklung (siehe Abschnitt „Sprachentwicklung systematisch begleiten: *Sismik*" am Ende dieses Kapitels).

- Kinder sollten vielfältige Sprachanregungen bekommen. Dazu gehören u.a.: das Gespräch (eine sehr grundlegende Form von Sprachförderung); Lieder, Reime, Laut- und Sprachspiele; dialogorientierte Bilderbuchbetrachtung; Erzählen und Vorlesen; Kinder als Erzähler und Autoren (Kinder erzählen und diktieren Erlebnisse und Geschichten); Rollenspiel, szenisches Spiel, Theater; Anregungen rund um Schrift und Schreiben.

- Spracherwerb ist ein komplexer Prozess, der gerade beim Zweitspracherwerb eng mit der Motivation des Kindes zusammenhängt. Dieser Lernprozess lässt sich nicht ganz in einzelne trainierbare Fertigkeiten auflösen. Es gibt mittlerweile eine Reihe von „Sprachprogrammen" für den Elementarbereich mit speziell präpariertem Material und einzelnen (z. T. im Sinne der Progression aufgebauten) Trainingseinheiten, die jeweils einen ganz bestimmten Wortschatz, eine bestimmte grammatische Form usw. anvisieren. Beispiel: Anhand von Bildkarten, die zugeordnet werden, wird der Dativ (Wem-Fall) geübt – „Wem gibst du die Banane? Dem Affen". Solche detailliert vorstrukturierten Programme können durchaus sinnvoll sein, aber nur als *ein* Angebot unter vielen und nicht als *die* Sprachförderung. Denn der Prozess des Spracherwerbs sollte als Chance genutzt werden für vielfältige Erfahrungen und Lernprozesse im Bereich von Gesprächs- und Sprach*kultur*, von sprachlich-literarischer Bildung. Bleiben wir bei obigem Beispiel: Auch bei einer Bilderbuchbetrachtung gibt es unzählige Möglichkeiten für ein Kind, den Dativ (Wem-Fall) zu hören und zu produzieren: „Was meinst du, wem gibt Mario die Banane? Dem Affen? Dem Tiger?" Dabei wird das Sprachlernen eingebettet in einen lebendigen Dialog, bei dem es um eine spannende Geschichte in einem Buch geht; das heißt, das Kind macht hier gleichzeitig eine persönliche Erfahrung mit Gesprächs- und Erzählkultur, mit Buch- und Schriftkultur. Dabei ergeben sich viele mögliche Anknüpfungspunkte: Vielleicht will das Kind noch mehr Bilderbücher über Affen oder über den Urwald sehen; Wo gibt es diese Bücher? In der Bibliothek? Vielleicht will es selbst eine Geschichte erzählen ...

- Zur Sprachentwicklung von Migrantenkindern gehört nicht nur „Deutsch lernen", sondern auch die Wertschätzung und Förderung der Familiensprachen.

Erzieherinnen als Sprachvorbilder

Erwachsene Bezugspersonen sind wichtige Sprachvorbilder für Kinder. Für mich als Erzieherin heißt das, dass ich mein „Sprechen" auch einmal bewusst beobachte oder eine Kollegin darum bitte.

Spreche ich klar und deutlich?

Ich kann versuchen, relativ deutlich zu artikulieren und nicht zu viele Silben oder Worte zu „verschlucken" – ohne dabei betont „belehrend" und unnatürlich zu sprechen.

Spreche ich fast so wie die Kinder?

Wenn ich tagtäglich mit jüngeren Kindern oder mit Kindern, die wenig Deutsch können, umgehe, besteht die Gefahr, dass meine Sprache zu „eng" wird. Auf Kinder eingehen, z.B. durch geduldiges und neugieriges Zuhören und Nachfragen, heißt nicht, dass ich mich im Sprachniveau ganz anpasse; für die Sprachförderung ist es wichtig, dass ich „normale" Sätze bilde, dass ich „authentisch" spreche und dass ich für Kinder eine Herausforderung – nicht ein Spiegelbild – bin.

Worüber spreche ich mit Kindern?

Spreche ich mit Kindern im Alltag vor allem über „Praktisches", das gerade ansteht, oder nehme ich mir auch die Zeit, über Wünsche, Gefühle, Erlebnisse und Begebenheiten, die außerhalb des unmittelbaren Tagesgeschehens liegen, mit ihnen zu sprechen? Diese verschiedenen Gesprächsebenen sind wichtig; damit lernen Kinder allmählich, dass sie sich mit der Sprache in verschiedenen Welten bewegen können.

3. Deutschlernen in der Kindertageseinrichtung

Kinder als Gesprächspartner: Gespräche anregen und „schützen"

Für Kinder gilt allgemein: Sie lernen am schnellsten eine Sprache, wenn sie guten Kontakt haben, und wenn sie sich wohl fühlen. Sprechen ist vor allem Kommunikation, Kontaktaufnahme. Aus der Forschung ist bekannt, wie sehr Kinder die Sprache im Dialog mit ihren primären Bezugspersonen lernen. Mutter-Kind oder Vater-Kind Kontakte können natürlich viel intensiver und länger sein, als der Kontakt Erzieherin-Kind in einer Gruppe mit 25 Kindern. Dennoch ergeben sich auch in der Einrichtung immer wieder Gelegenheiten für Gespräche mit Kindern und diese sind für Kinder entscheidend – sowohl für die Freude am Sprechen als auch für die Sprachkompetenz. Dabei ist es aber wichtig für die Sprachentwicklung – auch das ist aus der Forschung bekannt – wie wir, als Erwachsene, mit Kindern sprechen, wieweit wir Kinder als Gesprächspartner sehen und den Dialog suchen. Das mag sehr anspruchsvoll klingen, wenn man an die vielen Kinder und an den normalen Geräuschpegel in Kindergruppen denkt. Aber auch hier sind kleine Schritte denkbar und machbar, Strategien, die das Gespräch anregen und „schützen".

Ein Gespräch bewusst beginnen und beenden, mit klaren Signalen

In einer größeren Gruppe werden Gespräche ständig unterbrochen; wenn man Mütter oder Erzieherinnen in einer solchen Situation auf Video sieht, dann fällt auf, dass oft mitten im Gespräch Sätze nicht beendet werden und dass der Kopf sich ununterbrochen in verschiedene Richtungen dreht, ohne „Vorankündigung" und ohne zur Ruhe zu kommen. Eine einfache und zugleich schwierige Regel lautet: Ein Gespräch hat einen Anfang, eine Mitte und ein Ende. Wenn ich am Tisch gerade mit Maria spreche und Andi ruft mich aus der Ecke, dann ist es wichtig, nicht immer gleich auf diesen Zwischenruf zu reagieren, sondern zunächst eine „Brücke" für Maria zu bauen, indem ich z.B. ein klares vorläufiges „Endzeichen" setze mit: „Ich gehe jetzt rüber zu Andi und schaue was los ist und komme dann wieder zu dir" – und zwar bevor ich den Kopf drehe oder ohne Vorwarnung aufspringe. Diese sehr einfache Regel kann helfen, mehr Ruhe in die Gruppe zu bringen und dem einzelnen Kind im Gespräch Respekt zu signalisieren.

Diese „Regeln" lassen sich besonders anschaulich lernen, wenn ich mein Gesprächsverhalten von einer Kollegin auf Video aufzeichnen lasse. In einer Fachschule in Erkelenz wird in diesem Zusammenhang ein Schulungsprogramm angeboten (Schlömer, Klara: Video-Interaktions-Begleitung in der pädagogischen Praxis, Erkelenz: Fachschule für Sozialpädagogik, Westpromenade 2, 41812 Erkelenz).

Mein Interesse an der Mitteilung

Wenn ich Maria (5 Jahre alt) als Gesprächspartnerin ernst nehme, dann sehe ich sie als jemanden, der mir etwas mitteilen will, der mir etwas Wissenswertes oder Wichtiges zu sagen hat; ich bin also interessiert und neugierig auf ihre Mitteilung. Das zeigt sich u.a. an der Körperhaltung: Bin ich wirklich präsent, ganz da und ruhig, oder schon wieder auf dem Sprung? Habe ich Blickkontakt mit Maria? Höre ich aktiv zu? Stelle ich „offene" Fragen? Offene Fragen sind jene, bei denen die Antwort offen ist. Gerade im Kontakt zu Kindern, sei es von Erzieherinnen, Lehrerinnen, Müttern oder Vätern, passiert es, dass Erwachsene kaum echte Fragen stellen. Häufig wird ermahnt oder aber es wird, wenn auch nur indirekt, abgefragt. Ein Beispiel für indirektes Abfragen: Eine Erzieherin hat mit den Kindern den Zoo besucht. Sie kann Mario fragen, „welche Tiere hast Du gesehen?" Solche Fragen sind ein wichtiger und auch notwendiger Bestandteil von „Nachbereitungen", und sie können Kindern durchaus Spaß machen: Kinder fangen an, die Tiere aufzuzählen und sind stolz darauf. Aber dies sind keine wirklich offenen Fragen, die Antwort ist vorgegeben. Die Erzieherin war bei dem Zoobesuch dabei, sie weiß eigentlich, welche Tiere die Kinder gesehen haben und die Kinder wissen auch, dass sie das weiß. In anderen Worten: Kinder fühlen, dass hier Wissen abgefragt wird und antworten auch entsprechend oft mit Einwortsätzen. Sie sind nicht aufgefordert, ihre persönliche Sichtweise darzulegen oder zu begründen. Die Erzieherin könnte auch fragen: „Mario, welches Tier hat dir am besten gefallen?" und dann, darauf aufbauend, „welches Tier möchtest du sein?" Will Mario z.B. eine Giraffe sein, dann könnte sie weiter fragen: „Was würdest du denn machen als Giraffe?" Derartige Fragen regen Kinder an, etwas zu erzählen, sich etwas auszudenken. Sie fühlen sich nicht abgefragt, es gibt kein richtig oder falsch; gleichzeitig werden aber Wortschatz und Syntax erweitert.

Wie reagiere ich auf „Fehler"?

Bei Kindern mit wenig Deutschkenntnissen sind wir als Erwachsene leicht versucht, das partnerschaftliche Gespräch aus den Augen zu verlieren: Wir neigen dann dazu, im Gespräch dauernd daran zu denken, dass wir dem Kind etwas beibringen müssen, nämlich Deutsch. Wir hören dann

3. Deutschlernen in der Kindertageseinrichtung

häufig nicht mehr, was uns ein Kind sagt oder sagen will, sondern wie es etwas sagt, ob es richtig oder falsch ist. Und dann beginnt das Verbessern.

Zwei wichtige Regeln beim Gespräch mit Kindern sind: Inhalt ist wichtiger als Form, Verbessern ist nicht angebracht. Verbessern ist keine angemessene Form der Sprachförderung, das haben viele Untersuchungen gezeigt: Erstens „bringt es nichts", und zweitens kann es Kinder beim Sprechen hemmen.

Was tun, wenn Kinder Fehler machen oder immer in unvollständigen Sätzen (z.B. Ein- oder Zweiwortsätzen) sprechen? Am sinnvollsten ist die Methode des indirekten Verbesserns: Wiederholung und Erweiterung. Ein Satz wird aufgegriffen, korrekt wiederholt und im Sinne des Dialogs erweitert.

Ein Beispiel:

> Mario beschwert sich bei der Erzieherin mit dem Satz „weh tun"; dann kann sie diese Aussage „korrekt" wiederholen und gleichzeitig erweitern: „Hat er dir weh getan? Was hat er denn gemacht? Zeig her".

Dies ist eine natürliche und sehr effiziente Form der Sprachförderung. Das einfache korrigierende Wiederholen des kindlichen Satzes empfiehlt sich weniger, weil Kinder bald merken, dass sie korrigiert werden und dass ich mich nicht auf ihre Botschaft einlasse, sondern nur darauf achte, ob sie „richtig" sprechen.

Mit älteren Kindern ist auch ein Gespräch über Fehler sinnvoll, und zwar als Gesprächsrunde und nicht als spontane Reaktion auf einen Fehler. Ich spreche dann mit Kindern über verschiedene „Fehler", wir „sammeln" z.B. Fehler. Das ist sinnvoll, vor allem, wenn ich dabei mit Hilfe der Kinder eine weitere Sprache hinzuziehe – als eine Form des anschaulichen Vergleichs, die mehrsprachig aufwachsende Kinder besonders anspricht. Damit sind ihre Fehler nicht mehr eine Frage des persönlichen Versagens. Hinzu kommt, dass ich damit das „Sprachbewusstsein", das Reflektieren über Sprache, über die eigene Sprache und auch über andere Sprachen anregen kann. Es gibt zahlreiche Untersuchungen, die zeigen, dass Kinder im Vorschulalter bereits eine Art Sprachbewusstsein haben, das wir durch solche Gespräche fördern können.

Erzählen und Vorlesen – warum ist es für die Sprachentwicklung so wichtig?

Wir haben anfangs dargelegt (siehe Kapitel 2 „Sprachentwicklung"), dass Kinder im Kindergartenalter die Zweitsprache Deutsch auf „natürliche" Weise lernen – im Spiel, im Kontakt mit anderen. Dennoch gibt es Aktivitäten, bei denen die Sprachentwicklung besonders gefördert wird, und die mit Sprachdrill oder Sprachunterricht nichts zu tun haben. Wir möchten im folgenden exemplarisch eine Form der Sprachförderung eingehender beschreiben: Das Erzählen/Vorlesen. Diese Art Sprachförderung ist für alle Kinder wichtig, sie wird aber gerade bei Kindern, die wenig Deutsch können, leicht vernachlässigt.

Wenn Kinder wenig Deutsch können, dann konzentriert sich die gezielte Sprachförderung oft auf den Wortschatz. Das führt manchmal zu einer Überbetonung von sog. Wortschatzübungen, bei denen einzelne Worte immer wieder wiederholt werden. Damit kann man – so einige Untersuchungsergebnisse – nur kurzfristig den Wortschatz erweitern, und die Ebene des Satzes und der übergreifenden sprachlichen Zusammenhänge kommt zu kurz. Wie lässt sich diese fördern? Unter anderem mit dem Vorlesen und Erzählen von Geschichten. Auch wenn Kinder nur wenig Deutsch können, ist es sehr wichtig, immer wieder einfache Geschichten zu erzählen. Warum?

Beim Hören und Entschlüsseln von „Geschichten" lernen Kinder etwas Grundsätzliches über Sprache, das im alltäglichen Gespräch oft zu kurz kommt, nämlich die Symbolfunktion der Sprache. Was ist bei Geschichten anders als beim täglichen Gespräch? Im Gespräch ist die Bedeutung des Gesagten meist eng verbunden mit bestimmten Handlungen und Situationen. Kinder wissen, beim Essen wird dieses gesagt, beim Schlafen jenes, beim Streiten das. Sie können oft erraten, worum es geht und orientieren sich noch stärker als Erwachsene am Tonfall, an der Gestik und Mimik des Gesprächspartners. All dies ist wichtig, aber es genügt nicht, um ein bestimmtes Sprachniveau zu erreichen. Viele Kinder gewöhnen sich daran, sprachliche Botschaften stets durch den direkten Bezug zu ihrer unmittelbaren Umgebung zu verstehen, und sie lernen nicht, zu abstrahieren.

Beim Vorlesen und Erzählen wird der Sinn nur sprachlich vermittelt, Kinder lernen, sich auf eine rein sprachlich vermittelte Botschaft zu konzentrieren und diese zu entschlüsseln. Dabei wird für Kinder die Möglichkeit, mit Sprache erfundene, abstrakte oder schlicht „andere" Welten zu schaf-

3. Deutschlernen in der Kindertageseinrichtung

fen, besonders betont. Das Interesse an sprachlich vermittelten Botschaften, die Geduld und Fähigkeit diese zu verstehen und zu interpretieren, sind eine wesentliche Voraussetzung für die spätere „Lesekompetenz". Sie beeinflussen ganz entscheidend die Schulleistung. Dies ist u.a. ein Ergebnis einer Längsschnittstudie, die Kinder in ihrer Sprachentwicklung von Kindern im Alter von zwei bis zehn Jahren begleitete. Die Studie zeigte: Kinder, die von früher Kindheit an mit Geschichten umgehen – erzählte und vorgelesene Geschichten – waren später im Vorteil, vor allem in Bezug auf den schriftlichen Ausdruck. Dies gilt auch für Kinder aus ärmeren, weniger „akademisch" gebildeten Familien. Wenn diese Kinder von Anfang an viele Geschichten hörten, waren sie im Vergleich zu Kindern aus derselben Schicht im Vorteil.

Vorlesen und Erzählen – aber wie?

„Die Kinder können gar nicht zuhören"

Erzieherinnen berichten sehr Unterschiedliches vom Vorlesen und Erzählen. Einige sagen, es sei in ihrer Gruppe fast unmöglich, die Kinder könnten nicht zuhören und würden auch zu wenig Deutsch verstehen; andere wiederum – mit ähnlicher Gruppenzusammensetzung – berichten, dass Erzählen und Vorlesen bei ihnen einen ganz festen Platz im Tagesablauf haben, und dass die Kinder sich darauf freuen würden. Die Berichte von Praktikerinnen – und auch empirische Studien in diesem Bereich – zeigen, dass das „Drum-Herum" und die Art, wie man erzählt und vorliest, entscheidend sind, sie bestimmen u.a. wie sehr Kinder davon „profitieren".

Die „Einrahmung"

Fachkräfte berichten, dass bei ihnen Vorlesen und Erzählen wie ein Ritual klar eingerahmt ist (ein fester Platz im Raum oder Nebenraum, eine bestimmte Atmosphäre – einige zünden z.B. immer eine Kerze an, andere gehen immer in den Schlafraum) und dass die Kinder meist „dabei" sind, auch diejenigen, die wenig verstehen. Uns erscheint diese Ritualisierung und „Einrahmung" eine wichtige Voraussetzung für das Erzählen und Vorlesen.

Einbeziehung weiterer Personen im Angebot

Voraussetzung für regelmäßiges Vorlesen und Erzählen ist natürlich eine gute personelle Situation. Neben pädagogischen Fachkräften können für derlei Angebote vielleicht aber auch Personen von außen gewonnen werden: Eltern, Großeltern, ältere Geschwister, Nachbarn, Freunde. Mit einer Person, die extra zum Vorlesen oder Erzählen in die Gruppe kommt, wird für Kinder auch die „Einrahmung" dieses Angebots sichtbarer, es hebt sich vom übrigen Tagesablauf ab, und es gibt einen klaren Anfang und ein Ende.

Das regelmäßige Angebot

Obgleich Geschichtenerzählen und Bilderbuchbetrachtung ganz selbstverständlich zur hiesigen Kindergartenkultur gehören, haben sie dennoch in manchen Einrichtungen – so unsere Erfahrungen – nicht immer einen festen Platz im Alltag. Zum einen werden sie wegen anderer aktueller Projekte manchmal verdrängt, oder aber sie sind aus personellen Gründen nicht durchführbar. Umso wichtiger ist es, zusätzliche Personen (Eltern, Großeltern) dafür zu gewinnen. Sprachförderungsprogramme, die wissenschaftlich begleitet wurden, zeigten, dass gerade das regelmäßige (ca. 3 x in der Woche) gesprächsorientierte Vorlesen in Kleingruppen sozial benachteiligte Kinder in der Sprachentwicklung deutlich förderte.

Die Kleingruppe

Vorlesen und Erzählen in der Kleingruppe (maximal fünf Kinder) ist für die Sprachentwicklung sehr förderlich – das haben Studien gezeigt. Diese besagen, dass die Kleingruppe nicht nur wegen der Ruhe und Konzentration wichtig ist, sondern wegen des fortlaufenden Gesprächs über das jeweilige Bild, über die Geschichte. Dieser Austausch ist für Kinder besonders wichtig, die zuhause wenig Bilderbucherfahrung und „literarische" Anregung haben.

Die verschiedenen Sprachebenen und Stile

Sprachkompetenz bedeutet ganz wesentlich sich in verschiedenen Sprachstilen bewegen. Das klingt für Vorschulkinder etwas hochgestochen, aber es wird in Ansätzen auf einer rudimentären Ebene bereits im Alltag praktiziert – fünf-sechsjährige Kinder sprechen untereinander manchmal anders als mit einem Erwachsenen. Am deutlichsten wird dieser Sinn für verschiedene Sprachebenen im Rollenspiel: Wenn Kinder Eltern oder Lehrerinnen nachahmen, verändern sie Stil und Tonfall. Das Vorlesen ist eine Chance auch einmal eine andere Sprache zu hören, als diejenige, die Erzieherinnen täglich benutzen. So entsteht ein Gefühl für Erzählkonventionen (es war einmal ...) und für „Schriftsprache" bzw. für eine „andere" Sprachebene. Aus diesem Grunde ist es schade, wenn

3. Deutschlernen in der Kindertageseinrichtung

Fachkräfte beim Vorlesen die Geschichte immer in ihren eigenen Worten erzählen. Auch wenn Kinder das eine oder andere nicht verstehen, gute Texte von Bilderbüchern und Geschichten sollten immer wieder wörtlich wiederholt werden, dann überträgt sich die Magie der Geschichte auch über das Wort und über „feststehende" Satzkonstruktionen – selbst wenn Kinder nicht alles verstehen. Auch Tonkassetten mit Märchen, Geschichten, Hörspielen können generell die Sprache und den Sinn für die besondere Sprache von Geschichten fördern.

Veranschaulichung ja, aber nicht dauernd

Eine Geschichte kann für Kinder mit Gesten, Handlungen und Gegenständen veranschaulicht werden. Das kann viel Spaß machen und Kinder motivieren, aber es sollte nicht zur Regel werden, denn Kinder gewöhnen sich schnell daran. Mit Blick auf die Förderung der Phantasie, auf die Entwicklung von Symbolverständnis und die Konzentration auf sprachliche Botschaften ist es wichtig, immer wieder „nur" zu erzählen, auch bei jüngeren Kindern und bei Kindern mit wenig Deutschkenntnissen – selbst wenn es nur eine ganz einfache, sehr kurze Geschichte ist.

Zuhören und verstehen kann vieles heißen

Anhand dieser Ausführungen wird bereits deutlich, dass gerade im Zusammenhang mit Kinderliteratur – seien es Geschichten, Bilderbücher, Theater usw. – die Einschätzung „was Kinder verstehen" sehr problematisch sein kann. Denn „Verstehen" wird allzu oft am Stillsitzen, an der passenden Worterklärung und am Sprechen über eine Geschichte gemessen. Dabei kann eine „Geschichte verstehen" vieles heißen. Es kann z.B. bedeuten, dass nur bestimmte Bilder lebendig werden. Anhand dieser Bilder entsteht dann manchmal eine neue Geschichte. Oft ist die spielerische Umsetzung einer Geschichte – Malen, szenisches Spiel usw. – nach dem Vorlesen sinnvoller als die manchmal etwas mühsame Frage- und Antwort-Situation bei Besprechungen von Geschichten.

Gerade jüngere Kinder haben viel Spaß daran, einzelne Gegenstände im Bilderbuch zu benennen. Diese Phase ist sehr wichtig. Aber sie ist nur eine Phase. Es ist ebenso wichtig, Kinder dazu anzuregen, aus Bildern Geschichten zu machen, sie selbst zum Erzähler werden zu lassen. Denn dann wird nicht nur der Wortschatz weiter, sondern auch der Satzbau und die Fähigkeit, sprachliche Sequenzen zu bilden – eine wichtige Voraussetzung für die Schule.

Das Interesse an Schrift und am Schreiben: ein Tabu?

„Bei uns (in Deutschland) lernen Kinder im Kindergarten nicht Lesen und Schreiben – das passiert erst in der Schule". Über diesen Satz herrscht Einigkeit. Dieses Credo möchten wir keineswegs in Frage stellen. Es geht uns hier eher um die Folgen einer prinzipiellen Abgrenzung von der Schule. Die Beschäftigung mit Schrift und mit dem Schreiben im Vorschulalter werden häufig mit frühzeitiger Alphabetisierung oder mit dem in den 60er Jahren populären Frühlesetraining assoziiert. Inzwischen gibt es aber seit langem Ansätze, die ganz andere Akzente setzen. Zunächst gilt es festzuhalten, dass Kinder lange vor Schuleintritt sehr häufig Interesse an Lesen und Schreiben zeigen, und dass es wenig sinnvoll erscheint, hier pädagogisch abstinent zu bleiben – ebenso wenig wie bei anderen Interessen von Kindern. Es geht also darum, das Interesse an Schrift und Schreiben zu verstärken oder zu wecken und zwar im Sinne eines explorativen, spielerischen Zugangs. Individuelle Schreibversuche von Kindern wie z.B. „Briefe" an die Freundin schicken (häufig mit Bildern und „Buchstabensalat"), Schilder auf der Straße oder kurze Werbespots erkennen, Anweisungen beim Computerspiel „entziffern", Schriftzeichen aus anderen Kulturen kennen lernen – all dies kann interessengeleitete, individuelle Zugänge zu dieser „anderen" Welt eröffnen und Kinder ermutigen, Lesen und Schreiben als eine vielfältige Welt für sich zu entdecken. Für Kinder aus sozial benachteiligten Gruppen, die zuhause wenig Kontakt mit Schrift und Büchern haben, kann dies Lernchancen eröffnen und den Übergang zur Schule erleichtern. Wesentlich erscheint uns dabei, dass Kinder nicht ein verengtes Bild von Lesen und Schreiben bekommen – als rein mechanische Fertigkeiten, die mit Schulwissen und Leistungsdruck assoziiert werden.

Mit einer anderen Stimme sprechen – Handpuppen, Reime, Singspiele

Bei sprechgehemmten Kindern kann ein einfacher Dialog mit Handpuppen oder Fingerpuppen manchmal helfen, Hemmungen zu überwinden. Von einer Puppe wird man nicht so direkt angesprochen, das Gesprächsangebot ist spielerischer und offener, und so entsteht weniger Druck, auf eine bestimmte Art zu antworten oder zu reagieren.

Fingerspiele, Reime, Singspiele, Zungenbrecher, Rätsel, sie alle fördern den Spaß an Sprache und am gemeinsamen Tun. Es gibt ganz verschiedene

3. Deutschlernen in der Kindertageseinrichtung

Arten von Kinderreimen aber der klassische Kinderreim hat bestimmte Merkmale, die Kinder besonders ansprechen: Kurze Zeilen mit Reim, meist Endreim („fällt er in den Graben, fressen ihn die Raben"); Hervorhebung von Klangelementen („eene, meene, muh", „Bi-ba-Butzemann"); Wiederholung mit Variation (z.B. im Kettenreim); ritualisierte, formelhafte Wendungen (z.B. wörtlich wiederholte Frage und formalisierte Antwort in „Der goldene Wagen"). Vor allem jüngere Kinder reagieren mehr als Erwachsene auf Rhythmus und Klang – auch wenn sie Reime und Lieder in einer fremden Sprache hören. So können auch beim Zweitspracherwerb Schwellenangst und Sprechhemmungen abgebaut und der Spaß an der Sprache und an Sprachspielen gefördert werden. In mehrsprachigen Kindergruppen bietet sich das Sammeln und Austauschen von Reimen und Zungenbrechern in verschiedenen Sprachen an (vgl. Kapitel 4 „Die Familiensprachen der Kinder im pädagogischen Angebot").

Bei all diesen Formen geht es nicht nur um Sprache, sondern auch um Gemeinschaftserlebnisse. So trauen sich erfahrungsgemäß bei traditionellen Sing- und Kreisspielen wie „Bi-ba-Butzemann" auch jüngere, schüchterne und nicht Deutsch sprechende Kinder, mitzumachen.

Situationen, die das Sprechen hemmen

Hier geht es nicht um individuelle Sprechhemmungen, sondern um Situationen, die das Sprechen und das Gespräch eher hemmen als fördern. Obgleich Kinder hier ganz unterschiedlich reagieren, so gibt es doch einige Situationen, die erfahrungsgemäß immer wieder „hemmend" wirken, z.B.:

Die Stuhlkreissituation

Für viele Kinder ist es schwierig, sich vor einer größeren Gruppe zu artikulieren. Intensive Gespräche sind fast nur in Kleingruppen möglich. Selbstdarstellung und Zuhören in einer größeren Gruppe können nur sehr behutsam und schrittweise geübt werden (und für manche Kinder bleibt die Stuhlkreissituation immer „ungemütlich").

Das Verbessern von Fehlern

Wie bereits dargelegt, kann das Verbessern von Fehlern Kinder hemmen, und es ist keine angemessene Form der Sprachförderung (vgl. Kapitel 3, Abschnitt „Wie reagiere ich auf Fehler"). Während beim Stuhlkreis oder in größeren Diskussionen die Sprechhemmungen mancher Kinder offensichtlich sind, ist die hemmende Wirkung von Verbesserungen nicht so unmittelbar und offensichtlich – so verlieren Kinder, deren Sprachfehler dauernd verbessert werden, manchmal erst allmählich ihre Spontaneität im Ausprobieren von Sprache und in der Kontaktaufnahme; und bei manchen Kindern sieht es so aus, als ob sie die Verbesserung gar nicht hören würden, so dass wir als Erwachsene nicht merken, dass es sie doch stört.

Hoher Geräuschpegel und Zeitdruck

Für Kinder, die sich nicht gut verständigen können oder sprechgehemmt sind, ist das Gefühl, dass der Gesprächspartner Zeit hat und dass man sie „hört", besonders wichtig. In diesem Zusammenhang gewinnen Raumaufteilung und die dazugehörigen „Regeln" mit Zonen oder festen Zeiten für Ruhe und „Toben" eine besondere Bedeutung.

Sprachentwicklung und Sprachförderung mit Eltern thematisieren

Führt eine Einrichtung die regelmäßige und systematische Beobachtung und Dokumentation von Sprachentwicklung ein (vgl. nachfolgenden Abschnitt über den Beobachtungsbogen *Sismik*), dann ist dies erfahrungsgemäß eine gute Grundlage für das Gespräch mit Eltern. Fachkräfte haben dann mehr „Stoff" und mehr konkrete Beispiele, um Eltern über die Sprachentwicklung ihres Kindes und über Formen der Sprachförderung auf dem Laufenden zu halten, es versachlicht das Elterngespräch.

Es empfiehlt sich, auch das Sprachförderungskonzept der Einrichtung Eltern gegenüber von Anfang an ausdrücklich zu thematisieren – und nicht erst, wenn es „brennt", z.B. wenn sich Eltern beschweren oder Kinder Sprachprobleme haben.

Elternbrief „Wie lernt mein Kind 2 Sprachen, Deutsch und die Familiensprache?"
– in 15 Sprachen

Zum Thema Sprachentwicklung, Mehrsprachigkeit und Sprachförderung hören Eltern oft widersprüchliche oder auch irreführende Ratschläge. Wir haben aus diesem Grund in einem Elternbrief ein paar wichtige Informationen und Tipps zu Sprachentwicklung und Sprachförderung – auch zuhause – zusammengefasst. Dieser Brief ist auf Deutsch im Anhang abgedruckt und es gibt ihn in 15 verschiedenen Sprachen, abrufbar im Internet unter www.ifp-bayern.de.

3. Deutschlernen in der Kindertageseinrichtung

Sprachentwicklung systematisch begleiten
SISMIK – ein Beobachtungsbogen für pädagogische Fachkräfte

Gezielte und differenzierte Sprachförderung setzt systematische Beobachtung voraus. Wir haben speziell für Migrantenkinder, die mit Deutsch als Zweitsprache aufwachsen, ein Beobachtungsbogen für Kindertageseinrichtungen entwickelt.

Der Bogen heißt *Sismik – Sprachverhalten und Interesse an Sprache bei Migrantenkindern in Kindertageseinrichtungen* (von M. Ulich & T. Mayr). Bereits der Titel soll andeuten, wie vielschichtig Sprachlernprozesse und Sprachstanderfassung sind.

Alter: ca. 3 1/2 Jahre bis zum Schuleintritt

Sismik deckt die Alters- und Entwicklungsspanne von circa dreieinhalb Jahren bis zum Schuleintritt ab. Pädagogische Fachkräfte können also schon relativ früh beginnen, die Sprachentwicklung von Migrantenkindern mit *Sismik* zu beobachten und festzuhalten – und dies dann bis zum Schuleintritt weiterführen. Damit können sie gut dokumentierte Aussagen machen über Lernfortschritte von Kindern und auch über deren sprachbezogene „Schulfähigkeit".

Der Bezug zum pädagogischen Angebot

Viele Fragen in dem Beobachtungsbogen beziehen sich sehr direkt auf spezifische sprachintensive und sprachförderliche Situationen, z.B. Gesprächsrunden, Einzelgespräch mit pädagogischen Bezugspersonen, Rollenspiele, Bilderbuchbetrachtung, Vorlesen/Erzählen, Reime und Sprachspiele oder Begegnungen mit anderen Sprachen. Das bedeutet, dass Fachkräfte durch die gezielte Beobachtung bereits konkrete Anhaltspunkte für eine pädagogische Förderung bekommen.

Motivation und Interesse des Kindes

Ein Aspekt, den wir besonders betonen, ist die Sprachlernmotivation des Kindes, sein Interesse an Sprache und an sprachbezogenen Angeboten. Leitfrage ist hier: Wie weit ist ein Kind bei sprachbezogenen Situationen und Angeboten aktiv beteiligt, wie weit engagiert es sich in solchen Situationen? Denn, vor allem wenn Kinder sich für etwas interessieren, wenn sie aktiv beteiligt sind, z.B. an Gesprächen oder Erzählungen, dann machen sie Lernerfahrungen.

Sprachentwicklung und „Literacy"

Für die Beobachtung haben wir bewusst auch Situationen im Zusammenhang mit Bilderbüchern, Erzählen, Reimen und Schriftkultur ausgewählt. Kindliche Erfahrungen rund ums Buch gehören zur so genannten Literacy-Erziehung. Diese Erfahrungen sind sehr wichtig für die sprachliche Bildung und Entwicklung eines Kindes im Vorschulalter, sie haben auch längerfristige Auswirkungen, z.B. auf die spätere Sprach- und Lesekompetenz.

Sprachliche Kompetenz (im engeren Sinne)

Neben diesen mehr auf kindliche Motivation und sprachliche Aktivität zielenden Fragen geht es in dem Bogen auch um sprachliche Kompetenzen (im Deutschen): Wie sind Wortschatz und Satzbau? Wie weit kann sich ein Kind im Gesprächskreis einbringen, eine Geschichte nacherzählen oder ein Gedicht aufsagen? Spricht es deutlich?

Die Familiensprache und die Familie des Kindes

Mit dem Beobachtungsbogen wird vor allem die Sprachentwicklung des Kindes in der deutschen Sprache erfasst. Dennoch gibt es auch Fragen zur Familiensprache und zur Familie des Kindes. Beides ist nämlich für die Sprachentwicklung des Kindes sehr wichtig.

Austausch im Team und mit Eltern

Der Beobachtungsbogen kann sowohl von einer einzelnen pädagogischen Fachkraft bearbeitet werden, als auch arbeitsteilig von verschiedenen Kolleginnen und Kollegen. Durch die klare Untergliederung in einzelne Teile bzw. Situationen ist die arbeitsteilige Bearbeitung relativ leicht zu organisieren. Erfahrungsgemäß fördert ein systematisches Beobachtungsraster eine gemeinsame „Sprache" im Team und erleichtert pädagogische Gespräche über Kinder – mit Eltern, mit Lehrer/innen oder mit Fachdiensten. Es hilft Fachkräften, die eigene Expertise in Sachen Sprachentwicklung auch nach außen zu zeigen und zu behaupten.

Beispiele

Zur Veranschaulichung im Folgenden einige Situationen mit den entsprechenden Fragen bzw. Items dazu. Jede Frage ist mit einer sechsstufigen Skala von „sehr oft" bis „nie" versehen.

3. Deutschlernen in der Kindertageseinrichtung

Situation am Frühstückstisch

- Kind schweigt
- hört aufmerksam zu bei deutschsprachigen Gesprächen
- geht auf deutschsprachige Fragen und Aufforderungen von Kindern ein
- beteiligt sich aktiv an Gesprächen in deutscher Sprache
- erzählt verständlich von etwas, das der Gesprächspartner nicht kennt oder sieht (von zu Hause usw.)

(falls es Kinder mit derselben Familiensprache gibt:)

- sitzt vor allem bei Kindern derselben Familiensprache
- hört aufmerksam zu bei Gesprächen in der Familiensprache
- beteiligt sich aktiv an Gesprächen in der Familiensprache

Hier wird deutlich: Wir haben versucht, jeweils unterschiedliche Aspekte von Sprache bzw. Sprachverhalten zu beleuchten: Schüchternheit, zuhören, verstehen, sprachliche Aktivität – möglichst in beiden Sprachen – und die Frage nach dem nicht-situativ gebundenen Sprachgebrauch (wenn Kinder von „Fernem" erzählen).

Bilderbuchbetrachtung als pädagogisches Angebot in einer Kleingruppe

- Kind hört aufmerksam zu und schaut sich die Bilder an
- benennt einzelne Dinge auf der Bilderbuchseite (auf Deutsch)
- versucht (auf Deutsch) einen Zusammenhang zwischen Bildern herzustellen, wird zum „Erzähler"
- ist sich des Unterschieds zwischen Bild und Text bewusst, fragt z.B. nach, was „da steht", was da geschrieben ist

Vorlesen / Erzählen als pädagogisches Angebot in einer Kleingruppe

- hört aufmerksam zu bei einer kurzen Erzählung, die nicht durch Bilder / Gestik / Gegenstände veranschaulicht wird
- beteiligt sich am Gespräch über eine kurze Erzählung, die nicht durch Bilder/Gestik/Gegenstände veranschaulicht wird
- merkt sich eine einfache Geschichte und kann sie nacherzählen (auf Deutsch)

Hier wird deutlich: Es geht sowohl um das Interesse und die (aktive) Beteiligung des Kindes als um dessen Sprachkompetenz.

Bezogen auf den Satzbau wird z. B gefragt nach der Stellung des Verbs im Satz, wie weit das Kind schon Sätze und sogar Nebensätze bildet, wie es mit dem Artikel umgeht usw.

Erprobung

Der Bogen *Sismik* wurde empirisch erprobt, mit einer bundesweiten Stichprobe von über 2000 Kindern.
Im Jahr 2006 erscheint ein ähnlich strukturierter Bogen für deutsche Kinder bzw. für Kinder, die mit Deutsch als Erstsprache/Muttersprache aufwachsen.

Begleitheft

Zu dem Bogen gibt es ein Begleitheft (wird bei Bestellung mitgeliefert). Dieses umfasst: Kurzbeschreibung von Konzeption und Aufbau; praktische Hinweise für das Vorgehen bei der Beobachtung; verschiedene Ebenen der Nutzung (z. B. Reflexion des pädagogischen Angebots, Zusammenarbeit im Team); Anleitung für die Auswertung des Bogens; Hinweise für die Förderung (s. Kapitel 9 „Bücher und Materialien").

4.

Die Familiensprachen der Kinder im pädagogischen Angebot

Michaela Ulich

4. Familiensprachen der Kinder

Kulturelle Aufgeschlossenheit – die Sprache gehört dazu

Wie präsent sind die Familiensprachen der Kinder in der Einrichtung? Manchmal sprechen Kinder aus dem selbem Sprachkreis untereinander ihre Familiensprachen. Aber wie reagiert die Einrichtung auf die Mehrsprachigkeit in den Kindergruppen? Wie gehen pädagogische Fachkräfte darauf ein? Aus unserer Sicht ist es für Kinder wichtig zu erleben, wie ihre Familiensprache in der Einrichtung nicht nur unter Freunden eine Rolle spielt, sondern auch von der erwachsenen Bezugsperson – das heißt von einer anerkannten Autorität – ausdrücklich zur Kenntnis genommen wird.

Denn, zur Begegnung mit einer anderen Kultur gehört immer auch die Sprache. Erlebnisse der Fremdheit oder auch Gefühle der Zugehörigkeit sind ganz wesentlich an die Sprache gebunden. Welche Einstellung Kinder zu anderen Sprachen und zu ihrer eigenen Familiensprache entwickeln, hängt u.a. von ihren Bezugspersonen ab. Wenn wir in einer mehrsprachigen Kindergruppe nicht bewusst auf die Präsenz anderer Kulturen und Sprachen eingehen und Kindern zeigen, dass wir diese respektieren und schätzen, dann lernen deutschsprachige und fremdsprachige Kinder langfristig, dass diese Kulturen keinen öffentlich anerkannten Platz haben – dies umso mehr, als Kinder außerhalb des Kindergartens erleben, dass einige „Migranten"-Kulturen bei uns kein hohes Sozialprestige genießen (im Unterschied zum französischen oder englischen Kulturkreis beispielsweise). Es ist hinreichend bekannt, dass diese Wertschätzung der Familiensprache und Kultur für die Entwicklung des Selbstbilds und des Selbstbewusstseins von Migrantenkindern sehr wichtig ist.

Die Erziehung zu kultureller Aufgeschlossenheit wird heute als wichtiges Erziehungsziel gesehen. Und hier bietet sich die Sprache an als etwas sehr konkretes – hier können Kinder „Fremdartiges" hören und entsprechend abweisend oder neugierig darauf reagieren. Sie haben die Chance, eine unbeschwerte und „ausprobierende" Haltung zu anderen Sprachen einzuüben, eine Einstellung, die das Fremdsprachenlernen erleichtert. Denn Sprachspiele und das Reflektieren über Sprache, die Förderung von „Sprachbewusstheit", sind sowohl für die eigene Sprache als auch für das Erlernen von Fremdsprachen ein Gewinn (das haben empirische Studien gezeigt).

Am Staatsinstitut für Frühpädagogik (IFP) wurde ein Ansatz entwickelt, der versucht, die Präsenz der unterschiedlichen Sprachen für Kinder konkret erfahrbar zu machen. Dabei geht es um die spielerische Einbindung der verschiedenen Familiensprachen der Kinder in das pädagogische Angebot. Wir haben diesen Ansatz in verschiedenen Publikationen begründet und zahlreiche praktische Anregungen und Materialien dazu herausgegeben (Praxisbücher, CDs mit Begleitheften, vgl. Kapitel 9 für genauere Angaben). Deshalb beschränken wir uns hier auf eine kurze Beschreibung verschiedener Aktivitäten. Dabei geht es nicht um große, aufwendige Projekte, sondern um Ideen, die auch im Alltag ohne großen Aufwand umgesetzt werden könnten.

Welche Sprachen und Dialekte haben wir in der Gruppe, in der Einrichtung?

Zusammen mit den Eltern und Kindern kann eine optisch ansprechende Liste mit allen Sprachen und Dialekten der Gruppe bzw. Einrichtung zusammengestellt werden. Auch verschiedene deutsche Dialekte können auf dieser Liste stehen. Zur Illustration der jeweiligen Sprache könnte dann ein Wort, z.B. „Guten Tag" oder „Servus/Tschüß" in allen Sprachen und Dialekten aufgelistet werden – das ist sympathischer als die Veranschaulichung der einzelnen Sprachgruppe durch Nationalflaggen, die ja in vielen Fällen die Vielfalt der Sprachen innerhalb eines Landes verdecken. Ein solches Plakat ist für Kinder, Eltern und Besucher ein deutliches Zeichen, dass in dieser Einrichtung bzw. Gruppe Mehrsprachigkeit bewusst wahrgenommen wird.

Heute lerne ich eine andere Sprache – zu zweit geht es leichter

Nach unseren Erfahrungen gibt es manchmal Gruppen mit sechs oder mehr Sprachen, wobei eine Sprachgruppe (z.B. Türkisch, mit mehreren türkischen Kindern) häufig dominiert, während eine andere Sprache, wie z.B. Brasilianisch, nur von einem Kind gesprochen wird – was oft bedeutet, dass diese Sprache in der Einrichtung gar nicht auftaucht oder von Kindern und Erwachsenen kaum zur Kenntnis genommen wird. Mit einem einfachen Ritual können Fachkräfte, auch ohne eigene Fremdsprachenkenntnisse, die Wertschätzung jeder einzelnen Sprache „inszenieren": Einmal oder zweimal pro Woche gibt es einen festen Tag und eine feste Zeit mit dem Motto: Heute lerne ich eine andere Sprache. Jedesmal ist eine andere Sprache dran – zuerst paarweise, dann „im Chor".

Familiensprachen der Kinder 4.

Das geht so: Ein brasilianisches Kind sucht sich ein anderes nicht-brasilianisches Kind aus, denkt sich ein Wort/einen Satz/einen Reim/einen Spruch auf Brasilianisch aus, und bringt es diesem anderen nicht-brasilianischen Kind bei. Erst dann versuchen beide zusammen den betreffenden Satz oder Spruch einer größeren Gruppe – einschließlich der Erzieherin – beizubringen. Mit diesem einfachen Ritual trauen sich vielleicht auch schüchterne Kinder, „ihre" Sprache einzubringen – jede Sprache und jeder Dialekt kommt dran, so dass die verschiedenen Sprachen der Gruppe und die Sprach-Lern-Situation für Kinder präsenter sind – und zwar regelmäßig und selbstverständlich.

Familiensprachen im pädagogischen Angebot: Lieder, Spiele und Reime

Die Wertschätzung anderer Sprachen und Kulturen wird für Kinder ganz selbstverständlich sichtbar, hörbar und erfahrbar, wenn Erzieherinnen im pädagogischen Alltag regelmäßig auch anderssprachige Materialien anbieten: zwei-, mehr- und anderssprachige Bilderbücher gehören ebenso dazu wie Tonkassetten und CDs in anderen Sprachen (siehe Kap. 9 Bücher und Materialien). Mit Liedern und Spielen, Reimen und Versen aus anderen Kulturen oder mit zweisprachigen Hörspielen können Kinder mit anderen Sprachen spielerisch in verschiedene Länder „verreisen".

Kinderlieder, Sing- und Kreisspiele, Auszählreime, Verse und Fingerspiele, Hexen- und Zaubersprüche aus anderen Ländern machen Kindern nicht nur Spaß, sie sind auch wesentliche Formen der Sprachförderung – für mehrsprachige und einsprachige Kinder. Kinderlieder und Kreisspiele haben meist einen einfachen Rhythmus und eine klare Gliederung, oft mit gleichförmigen, ritualähnlichen Wiederholungen, die Kinder auch in anderen Sprachen mühelos lernen können. Diese traditionellen Sing- und Spielformen schaffen eine sprach anregende und gemeinschaftsbildende Atmosphäre: Alle Kinder können dabei sein und mitmachen – jedes Kind auf seine Weise: Während die einen nur am Rande mitklatschen, einfach mitschwingen oder im Kreis mitgehen, können die anderen schon mitsingen oder vorsingen. Das gemeinsame Tun ist immer selbstverständlich mit Sprache verbunden: die Kinder zählen aus, schlagen sich ab, imitieren Tierstimmen …

„Der Fuchs geht um ... auch anderswo"

Ganz ähnliche Kreisspiele wie *Der Fuchs geht um* gibt es auch in anderen Kulturen. Zunächst lernen die Kinder Auszählreime in verschiedenen Sprachen, um die einzelnen Mitspieler zu bestimmen. Nach dem Spiel in deutscher Sprache werden die Kinder es bald auch in Türkisch, Slowenisch oder Spanisch kennen lernen: dann heißt es *Yağ satarım, Gnilo jajce* oder *A la zapatilla por detrás* … (siehe Kapitel 9, „Bücher und Materialien")

Bilderbücher und Geschichten aus verschiedenen Ländern

Die Präsenz anderer Sprachen kann für Kinder anhand von Bilderbüchern aus anderen Ländern sehr konkret werden. Für die Beschaffung könnten Eltern, ausländische Kolleginnen oder auch öffentliche Bibliotheken angesprochen werden (vgl. Kapitel 9 für entsprechende Hinweise). Fachkräfte, die das ausprobiert haben, berichten von sehr positiven Erfahrungen, sowohl in der Kindergruppe als auch im Kontakt mit Eltern. Wie kann es laufen?

Zunächst wird eine kleine Auswahl von Bilderbüchern in den Familiensprachen der Kinder zusammengestellt. Besonders geeignet sind Bilderbücher, die ansprechende Bilder haben und gleichzeitig ein wenig (nicht zuviel) Text. In der Bilderbuchecke stehen diese Bücher – für alle Kinder zugänglich. Beispiel: In der Gruppe ist ein spanisches Kind, Manolo. Die Erzieherin schaut ein spanisches Bilderbuch mit den Kindern an (auch Manolo ist dabei) und weist ausdrücklich darauf hin, dass dies ein spanisches Bilderbuch ist, dass sie den Text nicht lesen kann, aber dass sie gemeinsam versuchen können, anhand der Bilder sich eine Geschichte auszudenken. Das Buch kann dann von dem spanischen Kind Manolo nachhause mitgenommen werden, mit der Bitte, die Eltern, oder ein älterer Bruder sollte dem Kind die Geschichte vorlesen / erzählen, damit es am nächsten Tag die Geschichte den anderen Kindern erzählen kann. Oder die Mutter (der ältere Bruder) kommt in die Einrichtung und liest den Originaltext vor. Erfahrungsgemäß kommt bei den Kindern der jeweiligen Nationalität damit sehr viel „in Gang"; und auch deutsche Kinder schauen sich immer wieder diese fremdsprachigen Bilderbücher in der Bilderbuchecke an oder hören zu, wenn sie in der Originalsprache von einem Vater oder einer Mutter vorgelesen werden.

Auch hier bleibt die andere Sprache und Kultur sichtbar, sie geht nicht einfach unter, sie ist ganz selbstverständlich in der Einrichtung präsent, deutsche und ausländische Bilderbücher stehen nebeneinander in der Bücherecke. In einer solchen Konstellation wird deutlich für Kinder und Eltern:

4. Familiensprachen der Kinder

- Die Familiensprache ist auch in der Einrichtung wichtig;
- Bilderbücher sind wichtig für Kinder – in der Einrichtung und zuhause.

Wie reagieren Erwachsene und Kinder auf fremdsprachige Medienangebote?

Wie fühlen sich deutsche Erzieherinnen, wenn auf einer Ton- oder Videokassette, die für den Einsatz in deutschen Regeleinrichtungen gedacht ist, auf einmal türkisch oder italienisch gesprochen wird, bzw. eine Sprache, die sie nicht verstehen? Neben vielen spontanen positiven Reaktionen bei Erzieherinnen haben auch einzelne (bei einer Sichtveranstaltung ohne Kinder) skeptisch oder abwehrend reagiert. Diese Reaktion war durchweg an die fremde Sprache gebunden: „Wie soll ich Kindern einen Film vermitteln, bei dem ich manche Sätze nicht verstehe?" war eine Frage, die wir häufiger hörten. Zur Rolle der Erzieherin (und Lehrerin) gehört im allgemeinen, dass man mehr weiß als die Kinder und dass man möglichst alles genau verstehen sollte, bevor man es den Kindern vermittelt. „Nicht-Verstehen" ist zwischen professionellen Erziehern und Kindern selten ein Thema. Warum eigentlich nicht? Wo dies doch eine alltägliche Erfahrung auch bei Erwachsenen ist. Ein entspanntes „Nicht-Verstehen", das nicht Abwehr, sondern offenes Fragen und Sich-einlassen auf Fremdes hervorruft, ist ein wesentlicher Teil jeder interkulturellen Erziehung. Diese Haltung können Kinder u.a. auch von Erzieherinnen lernen, die sich bewusst in die Rolle der Nichtwissenden und Lernenden begeben. Ein Medienangebot mit fremdsprachigen Elementen bietet vielfältige Möglichkeiten, die Erzieherrolle auch einmal anders zu definieren, und zwar ganz praktisch und für Kinder unmittelbar erlebbar: Beide, Kinder und Erzieherinnen lernen gleichzeitig einen italienischen Abzählreim.

Für deutschsprachige Kinder ohne Fremdsprachenkenntnisse war z.B. bei einem zweisprachigen Hörspiel die fremde Sprache an keiner Stelle ein Problem. Im Gegenteil: Sie war ein Anreiz. Bei jüngeren Kindern war sie meist kein Thema, sie wurde selbstverständlich akzeptiert als Teil der Geschichte und hinderte die Kinder auch nicht beim Verstehen der Handlung. Reime und Lieder wurden spontan auswendig gelernt, ebenso wie deutsche. Ältere deutsche Kinder – vor allem Sechsjährige – fingen bei den türkischen oder italienischen Dialogteilen spontan an zu raten – „der hat bestimmt gesagt, dass ..." hieß es dann, und der fremdsprachige Teil wurde dem Sinn nach entsprechend „aufgefüllt". Sinn zu entziffern aus einem Zusammenhang heraus, ist eine Fähigkeit, die für Kinder später in der Schule sehr wichtig ist – nicht nur beim Lernen von Fremdsprachen, sondern generell.

Medienangebote als Entlastung vom allzu „Persönlichen"

Mit einem kulturspezifischen mehrsprachigen Materialangebot können Migrantenkinder auch indirekt, auf einer mehr sachgebundenen Ebene angesprochen werden. Für manche Kinder ist die direkte Frage nach ihrer Herkunftsfamilie und deren Heimatland zu „persönlich"; sie reagieren defensiv oder sogar abweisend. Viele Migrantenkinder wollen wie die anderen sein und um keinen Preis auffallen. Einige sensiblere Kinder ziehen sich auch zurück, wenn sie das Bemühen um besondere Aufmerksamkeit von Seiten der Erzieherin spüren – nach dem Motto „man merkt die Absicht und ist verstimmt". Ein Spiel, ein Lied oder eine Erzählung aus der Türkei ist nicht von vornherein „persönlich" ausgerichtet, es kann zunächst ein sachliches Angebot bleiben. Türkische Kinder können dann je nach Spielverlauf und Lust entsprechend „einsteigen" und das Angebot aufgreifen und vielleicht dann spontan von der Türkei erzählen; oder aber die Geschichte wird einfach als türkische Geschichte behandelt, neben anderen deutschen Märchen oder spanischen Erzählungen. Mit diesem Ansatz werden Migrantenkinder und deren Herkunft nicht als etwas exotisches oder als „Problem" dargestellt, das ausdrücklich besprochen werden muss, kulturelle Vielfalt wird vielmehr als Chance für Kulturaustausch vermittelt.

Neue Kontaktformen zu den Eltern

Kontakte zwischen Migrantenfamilien und deutschen Bildungseinrichtungen sind manchmal eher spärlich oder aber durch Verständigungsschwierigkeiten und Fremdheitserlebnisse belastet (von beiden Seiten aus). Zunächst erscheint es uns wichtig, Eltern von vornherein das Sprachförderungskonzept der Einrichtung darzulegen – und damit auch den Stellenwert der Familiensprachen, die Förderung der deutschen Sprache usw. (vgl. Kapitel 2 und 3). Ebenso wichtig sind Aktivitäten, bei denen die Kompetenz und die Sprache von Migranteneltern aktiv gebraucht werden, denn dies verändert erfahrungsgemäß das Beziehungsgeflecht Einrichtung-Fachkräfte-Eltern. Das beliebte „multikulturelle" Sommerfest bleibt meist ein ein-

Familiensprachen der Kinder 4.

samer Höhepunkt, uns geht es mehr um pädagogische Angebote. Zum Beispiel: Eltern zeigen den Kindern und der Erzieherin ein Singspiel aus ihrem Land; ein Schattenspiel wird mit Hilfe von türkischen Eltern, Kollegen und Musikern inszeniert; eine Tonkassette mit Liedern in allen Sprachen der Gruppe wird mit Hilfe von Eltern zusammen erstellt usw. Mit solchen kleinen oder größeren „Projekten" können sich zwischen der Familie und der Einrichtung Kontakte ergeben, die unter ganz anderen Vorzeichen stehen als das Elterngespräch oder der Elternabend – es gibt einen gemeinsamen Sachbezug, und man stellt gemeinsam etwas auf die Beine.

Leitfragen: Welche Bedeutung haben die Familiensprachen der Kinder im pädagogischen Angebot?

Wir haben einige Fragen formuliert, mit denen Fachkräfte alleine oder im Team sich fragen können, wie weit in der Einrichtung, in der Gruppe, im pädagogischen Angebot die Familiensprachen der Kinder tatsächlich präsent sind, und zwar so, dass Kinder (und Eltern) die Wertschätzung dieser Sprachen sehen oder hören können.

1. Sind die verschiedenen Familiensprachen der Kinder in der Einrichtung für Eltern und Besucher optisch präsent?

2. Für Einrichtungen mit einer zweisprachigen Gruppenleiterin/Zweitkraft/Springerin:
   - Wie wird diese Kollegin eingesetzt, was ist ihre Aufgabe?
   - Ist diese Kollegin für die Förderung einer bestimmten Gruppe von Migrantenkindern zuständig?
   - Falls ja, werden auch andere Kinder zeitweise miteinbezogen?
   - Wie ist die Kollegin im Gesamtteam integriert?

3. Bei welchen Gelegenheiten erlebt ein fremdsprachiges Kind, dass seine Familiensprache von der deutschsprachigen Erzieherin geschätzt wird, wann erlebt das Kind, wie diese Sprache auch für anderssprachige Kinder „präsentiert" wird?
   Hat jedes einzelne Migrantenkind in der mehrsprachigen Kindergruppe diese Wertschätzung seiner Familiensprache schon einmal bewusst erlebt (z.B. das einzige brasilianische Kind, als ein brasilianisches Fingerspiel von allen gelernt wurde), oder hatten bisher nur ausgewählte Kinder bzw. Sprachgruppen dieses Erlebnis (z.B. die fünf türkischen Kinder)?

4. Werden Migranteneltern oder sonstige zweisprachige Angehörige/Freunde im Angebot miteinbezogen? Wie oft, zu welchen Anlässen (zum Kochen beim Sommerfest, oder auch bei einem pädagogischen Angebot, wie Bilderbuchbetrachtung, Theater, usw.)?
   Welche Gruppen von Eltern wurden angesprochen, konnten motiviert werden?
   Wie könnte man diejenigen motivieren, die „nie mitmachen"?

5. Gibt es fremdsprachige oder zweisprachige Materialien in der Gruppe? (z.B. Tonkassetten mit Liedern, Videofilme, Bilderbücher)
   Wie oft, bei welchen Gelegenheiten werden sie eingesetzt?
   Sind sie für Kinder zugänglich?
   Werden sie von Kindern nachhause ausgeliehen?

5.

Kommunikation und Zusammenarbeit mit Familien aus verschiedenen Kulturen

Monika Soltendieck

Kommunikation und Zusammenarbeit mit Familien 5.

Drei Momentaufnahmen

Hali's Eltern kamen als Kinder nach Deutschland. Sie sind hier aufgewachsen und sprechen sehr gut Deutsch. Beide sind aufgeschlossen und pflegen gute Kontakte sowohl zu Eltern ihrer Herkunftskultur, als auch zu anderen Eltern und zu den Erzieherinnen. Sie nehmen an vielen Angeboten der Einrichtung teil und bei wichtigen Anliegen sind sie auch bereit, für die Eltern ihrer Herkunftssprache in der Einrichtung zu dolmetschen.

Hülya wurde von ihrem Vater im Kindergarten angemeldet. Er spricht gut Deutsch und erzählte der Erzieherin gleich, dass seine Frau erst nach der Eheschließung in der Türkei vor vier Jahren nach Deutschland gekommen sei und dass – da seine Frau kein Deutsch spricht – er der Ansprechpartner für alle Hülya betreffenden Fragen sei.
Die Mutter bringt Hülya täglich in den Kindergarten und holt sie auch wieder ab. Trotz der täglichen Begegnungen war es der Erzieherin bis jetzt noch nicht möglich, mit der Mutter in Kontakt zu kommen.
Hülya selbst löst sich beim Bringen schwer von ihrer Mutter, dann spielt sie aber recht unbeschwert mit den anderen Kindern.

Familie F. kam als Spätaussiedlerfamilie nach Deutschland. Bei der Anmeldung von Emil stellte die Erzieherin fest, dass seine Eltern kein Deutsch sprechen. Sie gab ihnen alle wichtigen Informationen und Einladungen – in ihre Familiensprache übersetzt – mit nach Hause. Bisher haben die Eltern noch nicht an den Angeboten in der Einrichtung teilgenommen. Die Erzieherin möchte gerne mit Emils Eltern ein Gespräch führen, auch weil Emil im Umgang mit anderen Kindern noch immer sehr kontaktscheu ist.
Die Kolleginnen bemühen sich, eine Mutter oder einen Vater der gleichen Herkunftssprache zu finden, die bereit wären, einen Kontakt zu Emils Familie herzustellen und bei einem Gespräch zu dolmetschen.

In diesen Momentaufnahmen spiegeln sich unterschiedliche Sprachsituationen in Migrantenfamilien, die unterschiedliche Erwartungen an die Einrichtung nach sich ziehen. Was bedeutet das für Fachkräfte? Meist haben Erzieherinnen eine sehr heterogene, schwer überschaubare Gruppe von Migranteneltern vor sich, für die allgemeine Beschreibungen wie „ausländisch" oder „türkisch" wenig aussagekräftig sind.

„Ausländische" Familien – „Migrantenfamilien": Was heißt das?

Wenn in Kindertageseinrichtungen von „ausländischen" Kindern und „ausländischen" Eltern die Rede ist, sind damit in der Regel Familien gemeint, die aus einem anderen Sprach- und Kulturkreis kommen, vor allem Familien ohne deutschen Paß. Gegenüber dem pauschalen und eher abgrenzenden Begriff „ausländisch" bevorzugen wir den Begriff „Migrantenfamilien", weil er in eine andere Richtung weist: Er lenkt den Blick auf die Lebenssituation und die Migrationsgeschichte (Wanderungsgeschichte) der Familie.

Migrantenfamilie in diesem Sinne kann vieles heißen:

– Familien der 2. und 3. Generation der ehemaligen „Gastarbeiter";

– Familien aus einem EU-Staat;

– deutsche (Spät-) Aussiedlerfamilien aus den Nachfolgestaaten der ehemaligen Sowjetunion sowie aus Polen und Rumänien;

– (Kriegs-)Flüchtlingsfamilien und Asylbewerberfamilien aus verschiedenen Kontinenten.

Zu diesem Begriff von Migrantenfamilie gehören darüber hinaus auch bilinguale, bikulturelle Familien, bei denen die Ehepartner unterschiedlicher Nationalität und unterschiedlicher Sprache sind. Und schon innerhalb dieser Gruppe von Migrantenfamilien gibt es ganz verschiedene Konstellationen: In manchen Familien ist die Mutter Deutsche und der Vater anderer Nationalität oder umgekehrt, in anderen sind beide Partner nicht deutsch und zugleich unterschiedlicher Nationalität und Sprache.

Nach dem Inkrafttreten des neuen Staatsangehörigkeitsrechts am 1.1.2000 gibt es auch immer mehr Kinder aus Migrantenfamilien, die – zusätzlich zu der von ihren Eltern abgeleiteten Staatsangehörigkeit – mit ihrer Geburt die Staatsangehörigkeit in Deutschland erwerben. Außerdem gibt es auch mehr und mehr eingebürgerte Migrantenfamilien mit deutschem Pass, deren

5. Kommunikation und Zusammenarbeit mit Familien

Lebensalltag aber auch weiterhin von einer anderen Sprache und Kultur geprägt ist. Diese Vielfalt von unterschiedlichen Sprach- und Lebenssituationen von Migrantenfamilien kann die Bezeichnung „ausländisch" nicht erfassen.

Herkunftskulturen – Migrantenkulturen

Pädagogische Fachkräfte äußern im fachlichen Gespräch über die interkulturelle Arbeit wiederholt, dass sie zuwenig über die Herkunftskulturen der Familien in ihrer Einrichtung wissen und dies auch ein Grund für Schwierigkeiten im Umgang mit Migranteneltern ist. Selbstverständlich sind grundsätzliche Informationen über Kultur, über Sitten und Gebräuche sowie die Religion eines Volkes wichtig und hilfreich (vgl. Kapitel 9), um gewisse Denk- und Verhaltensweisen von Migrantenkindern und -eltern zu verstehen und besser einzuordnen. Diese Informationen alleine reichen aber nicht aus. Wenn wir z.B. etwas über den Islam und seine verschiedenen Erscheinungsformen wissen, dann wissen wir noch nicht, wie dies in der Migration von einer bestimmten muslimischen Familie gelebt wird.

Im Laufe der Jahre und Jahrzehnte haben sich eigene, sogenannte „Migrantenkulturen" entwickelt. Typisch ist zum Beispiel der Umgang mit verschiedenen Sprachen: Kinder oder Erwachsene in zwei- oder mehrsprachigen Familien wechseln häufig von einer Sprache in die andere, benutzen bestimmte Ausdrücke oder Begriffe auf Deutsch, andere in der Herkunftssprache – in einem Prozess ständiger Veränderung entstehen neue Ausdrücke und sprachliche Mischformen.

In vielen Migrantenfamilien hat sich im Laufe der Zeit auch der Umgang mit Festen und Feiern verändert: Feste aus der Herkunftskultur, die eine maßgebliche Rolle in ihrem Familienleben spielen, werden gefeiert, gleichzeitig aber auch das eine oder andere Fest der deutschen Kultur oder Elemente davon. Beispiele hierfür sind Kindergeburtstage, Ostern oder Weihnachten. Erzieherinnen berichten, dass junge muslimische Familien – meist sind die Eltern schon in Deutschland aufgewachsen – den Geburtstag ihrer Kinder so feiern, wie es im deutschen Kindergarten und in deutschen Familien üblich ist, obwohl dieser Tag in der muslimischen Kultur prinzipiell keine Rolle spielt. Andere haben deutsche Osterbräuche übernommen, oder sie machen ihren Kindern zu Weihnachten auch Geschenke. Hauptsächlich feiern diese Familien aber auch ihre traditionellen muslimischen Feste.

In anderen muslimischen Familien hat sich die Einstellung gegenüber bestimmten religiösen Vorschriften verändert. So tragen z.B. in manchen Familien die älteren Frauen ein Kopftuch, während die jüngeren, die meist hier aufgewachsen sind, dies häufig nicht mehr tun. Oder in der Familie wird zwar kein Schweinefleisch verzehrt, aber durchaus manchmal Alkohol getrunken.

Ebenso gibt es Migrantenfamilien, die ihre kulturelle, religiöse und sprachliche Identität bewusst leben und ihre ursprüngliche Herkunftskultur in der Familie schützen möchten, und die sich manchmal dabei „aus der Ferne" an kulturspezifischen Traditionen und Ritualen orientieren, die sich im Herkunftsland selbst längst verändert haben.

Was weiß ich über die Wanderungsgeschichte der Migranteneltern in meiner Gruppe?

Wenn Eltern ihr Kind im Kindergarten anmelden, werden meist auch einige Informationen zur Lebenssituation der Familie aufgenommen, die aber in der Regel relativ allgemein sind. Wie oben bereits angedeutet, zeichnen sich Familien aus anderen Herkunftskulturen durch sehr unterschiedliche, individuelle „Geschichten" und Lebensformen aus. Für das Verständnis und für den Umgang mit Migrantenfamilien helfen hier ein paar zusätzliche wichtige „Eckdaten" weiter.

- Aus welchem Land, aus welcher Sprachgruppe, aus welcher Region innerhalb eines Landes stammt die Familie?
- Hat die Familie vor der Wanderung nach Deutschland schon in anderen Ländern gelebt?
- Was waren die Auswanderungsmotive (Krieg, Krisen, Verfolgung, Arbeit in Deutschland)?
- Wie ist der rechtliche Status der Familie (gesicherter Aufenthalt, EU-Bürger, Asylberechtigter, Flüchtling mit Duldung, usw.)?
- Wie ist die Religionszugehörigkeit?

Auch das sind immer noch allgemeine Orientierungspunkte. Wenn wir nun eine muslimische Familie aus der Türkei vor uns haben, die seit vielen Jahren in Deutschland lebt, wissen wir dann zum Beispiel noch nicht: Welche religiösen Rituale werden in dieser Familie praktiziert? Welche Sprache sprechen die Eltern mit dem Kind oder die Geschwister untereinander (Deutsch, Türkisch, Kurdisch oder alles zusammen)?

Um etwas darüber zu erfahren, wie kulturspezifische Sitten und Gebräuche im Alltag der Familie gelebt

5. Kommunikation und Zusammenarbeit mit Familien

werden, wie in der Familie mit der Herkunftssprache und der deutschen Sprache umgegangen wird, welche eventuellen Probleme, Bedürfnisse und Erwartungen sie hat – dafür sind grundsätzlich Migranteneltern und -kinder selbst die beste Auskunftsquelle.

Was möchte ich über die konkrete Lebenssituation und die Erwartungen der Migranteneltern wissen?

Die folgenden Fragen zielen darauf ab, differenziertere Informationen von Migrantenfamilien zu bekommen, über

- die individuelle Lebenssituation,
- ihre Erwartungen/Wünsche an die Einrichtung,
- ihre Möglichkeiten an Angeboten in der Einrichtung teilzunehmen.

Bei Begegnungen mit Migranteneltern wie

- bei einem Anmelde- und Informationsgespräch,
- bei einem Elterntreffen in Kleingruppen,
- bei Tür'- und Angelgesprächen,
- bei einem Hausbesuch in der Familie

kann die eine oder andere Frage aus dem folgenden Fragekatalog mit einfließen. So können im Laufe der Zeit viele interessante Informationen über den kulturellen und sprachlichen Lebensalltag und über Wünsche und Bedürfnisse von Migrantenfamilien gewonnen, zusammengetragen und schriftlich festgehalten werden. Diese Informationen können dann bei der Planung der pädagogischen Arbeit und bei der Gestaltung der Zusammenarbeit mit Eltern vom Team einbezogen bzw. berücksichtigt werden.

Fragen an die einzelne Migrantenfamilie

- Wie lange lebt die Familie in Deutschland?
  Kind / Vater / Mutter / Geschwister
- Wird neben der Familiensprache auch Deutsch gesprochen?
  Kind / Vater / Mutter / Geschwister
- Hat das Kind Verbindung zum Herkunftsland von Vater/Mutter?
  (z.B. Reisen dorthin, Besuche von Verwandten)
- Hat das Kind in seiner Freizeit Kontakt mit
  – Kindern des Sprach- und Kulturkreises von Vater/Mutter,
  – deutschen Kindern?

- Welche Rituale, Feste, Feiern aus der Herkunftskultur und -religion werden in der Familie gepflegt?
- Was ist der Familie mit Blick auf die Herkunftskultur und -religion bei der Erziehung des Kindes wichtig?
- Gibt es in diesem Zusammenhang Regeln und Wünsche, die im Kindergarten beachtet werden sollten?
  (z.B. Verbot des Verzehrs von Schweinefleisch bei Muslimen)
- Gibt es Fragen oder Themen, über die Mutter/Vater gerne mit der Erzieherin sprechen möchten?
- An welchen Angeboten würden die Eltern gerne teilnehmen?
- Wie häufig können die Eltern an Angeboten teilnehmen?
  Einmal pro Monat
  Zweimal pro Monat
  Was sind die Gründe?
- Welche Zeiten sind für die Eltern grundsätzlich günstig?
  Werktags ab .... Uhr
  Werktags am Vormittag
  Werktags am Nachmittag

Der Eintritt und die Anfangszeit im Kindergarten – eine besondere Situation für Migranteneltern

Eltern erleben den Übergang von der Familie in den Kindergarten mit ganz unterschiedlichen Gefühlen. Für Migrantenfamilien ist der Übertritt des Kindes von der Familie in den Kindergarten oft eine besonders schwierige Situation, vor allem dann, wenn das Kind zum ersten Mal eine Kindertageseinrichtung der „anderen" Kultur und Sprache besucht.

Migranteneltern kann der Schritt in den Kindergarten erleichtert werden, z.B. wenn die Leiterin oder Erzieherin Migranteneltern gleich zu Anfang darauf hinweisen, dass man in der Einrichtung schon (langjährige) Erfahrungen mit Migrantenfamilien unterschiedlichster Nationalitäten hat und dadurch auch gewisse kulturspezifische Sitten und Gebräuche kennt. Muslimische Eltern sollten bei dieser Gelegenheit z.B. auch erfahren, dass gewisse religiöse Vorschriften, wie das Verbot, Schweinefleisch zu verzehren, im Kindergarten berücksichtigt wird.

Freundlichkeit und Offenheit gegenüber neuen Migranteneltern schaffen eine aufgeschlossene

5. Kommunikation und Zusammenarbeit mit Familien

Atmosphäre, die auch Migranteneltern mit geringen Deutschkenntnisse ermuntert, Fragen zu stellen, Bedürfnisse zu artikulieren und auch weiterhin gerne das Gespräch mit der Erzieherin zu suchen.

*Informationen – auf das **WIE** kommt es an.*

In der Anfangszeit bekommen neue Eltern viele interessante Informationen über den Kindergarten vermittelt – dies aber meist vorrangig in verbaler Form. Manche Einrichtungen sind dazu übergegangen, die wichtigsten Informationen – für Migranteneltern in die Familiensprachen übersetzt – neuen Eltern auf einem Informationsblatt mit nach Hause zu geben. Dennoch haben Erzieherinnen häufig den Eindruck, dass ihre Informationen bei den Eltern nicht „angekommen" sind.

Viele Erzieherinnen haben die Erfahrung gemacht, dass Eltern – insbesondere Migranteneltern mit (noch) geringen Deutschkenntnissen – Informationen zur Organisation oder zur pädagogischen Arbeit besser aufnehmen, wenn sie auch anschaulich vermittelt werden. Beispielsweise kann das ein Rundgang durch den Kindergarten sein, bei dem neue Eltern sich selbst ein Bild machen können, in welchen Räumen die Kinder miteinander leben, spielen und lernen. Fotos von Kindern bei verschiedenen Aktivitäten und „Produkte" der Kinder aus aktuellen Projekten, die beispielsweise im Eingangsbereich präsentiert werden, können zusätzlich einen lebendigen und informativen Einblick in die pädagogische Arbeit geben.

Bei einem Rundgang durch die Räume können Migranteneltern einen Eindruck davon bekommen, wie offen die Einrichtung gegenüber anderen Kulturen ist. Begrüßungsformeln und Mitteilungen am Informationsbrett in den jeweiligen Familiensprachen, fremdsprachige und zweisprachige Kinderbücher in der Leseecke, Poster mit verschiedenen Schriften, eine Weltkarte auf der die verschiedenen Herkunftsländer der Kinder mit deren Fotos verbunden sind – dies und vieles andere mehr vermitteln ihnen „sichtbar", wie interkulturelles Leben hier im Alltag ganz selbstverständlich praktiziert wird.

Bei Elterntreffen oder bei Gesprächen mit der Erzieherin sollten Informationen für (Migranten-)Eltern immer anschaulich ergänzt werden. Fotos, Dias oder Videos, die Kinder beim Spiel, bei Festen und Feiern und bei Aktivitäten und Projekten zeigen, dokumentieren die pädagogische Arbeit mit ihren vielen Facetten und geben einen authentischen Einblick in den Alltag des Kindergartens.

Die Kommunikation mit Eltern als Thema für Teamgespräche

Die Zusammenarbeit mit Migranteneltern stellt für manche Fachkräfte eine Chance dar, mehr von andern Kulturen zu erfahren, kompetenter, aufgeschlossener und toleranter „Fremden" gegenüber zu werden, für andere ist „Elternarbeit" eher eine Belastung, die von frustrierenden Erfahrungen begleitet wird. Während einige Erzieherinnen immer wieder die Erfahrung machen, dass Angebote von Migranteneltern nicht angenommen werden, kommen in anderen Einrichtungen bestimmte Angebote sehr gut an und ziehen sogar eigene Aktivitäten von Eltern nach sich. Manche Fachkräfte berichten von sehr engagierten Migranteneltern, andere sprechen von Eltern, die sie kaum erreichen können, wo kein Kontakt zustande kommt.

In den langjährigen Kontakten mit pädagogischen Fachkräften haben wir sehr unterschiedliche Formen von Elternarbeit kennen gelernt und ganz individuelle Ausgestaltungen dieses Arbeitsbereichs. Einige „Problemzonen" werden im Gespräch aber immer wieder genannt:

- Sprachliche Verständigungsschwierigkeiten mit Eltern und Kindern,
- die Sorge der Eltern, dass religiöse (z.B. muslimische) Gebote nicht eingehalten werden,
- die Erwartung der Eltern, dass ihr Kind ganz schnell Deutsch lernen soll,
- die Vorstellung von Eltern, dass die Erzieherin die Kinder „gezielt" auf die Schule vorbereitet.

Grundsätzliche Schwierigkeiten in der Zusammenarbeit mit Migranteneltern können im Team anhand von konkreten Fragen stärker eingekreist und damit manchmal für die einzelne Erzieherin entschärft werden. In diesem Zusammenhang kann der Erfahrungsaustausch speziell mit (bilingualen/bikulturellen) Kolleginnen – auch aus anderen Einrichtungen – hilfreich sein und zu neuen Ideen in diesem Arbeitsbereich führen. Die Reflexion der Zusammenarbeit mit Eltern kann die Teamarbeit insgesamt stärken und fördern.

Unter den folgenden Fragestellungen ziehen die Kolleginnen der Einrichtung zunächst einmal Bilanz im Sinne von: „Was ist gut gelaufen, was ist nicht gut gelaufen"?

- Wie berücksichtigen wir Migranteneltern bei der Planung von Angeboten für Eltern?
- Gibt es spezielle Angebote für bestimmte Gruppen von Migranteneltern?

Kommunikation und Zusammenarbeit mit Familien 5.

- Welche Angebote wurden von Migranteneltern gut angenommen / nicht gut angenommen?
- Was könnten die Gründe dafür sein?
- Welche Angebote könnten im Hinblick auf Migranteneltern verändert werden?

   Im Hinblick auf die Zeit
   (z.B. ein Treffen am Vormittag zum gemeinsamen Frühstück oder beim Abholen der Kinder)

   Im Hinblick auf die Angebotsform
   (z.B. ein Treffen nur für Mütter, ein Elterncafe für informelle Treffen von Eltern)

   Im Hinblick auf Kommunikation/Sprache
   (z.B. Anschaulichkeit von Informationen durch Fotos, Dias, Video; Personen für Dolmetscherdienste)

In einem weiteren Schritt werden dann Ideen entwickelt, wie die bisherigen Angebote verändert oder ergänzt werden können, und eventuell werden auch neue Angebote geplant. In einem dritten Schritt wird schließlich überlegt, wie man bei der Umsetzung neuer Ideen arbeitsteilig vorgehen kann.

Einige Anregungen, die sich in der Praxis bewährt haben

Wir möchten im folgenden noch einige Hinweise zur Kommunikation und Zusammenarbeit mit Migranteneltern geben, die sich – nach Meinung von Fachkräften – in der Praxis bewährt haben.

Elterntreffen und Elterngespräche zu Themen, die für Migranteneltern wichtig sind.

Sprachförderung

Viele Migranteneltern haben bestimmte Vorstellungen und Erwartungen zum Deutschspracherwerb ihres Kindes im Kindergarten. Auf den Nenner gebracht heißt das oft: Das Kind soll so schnell wie möglich Deutsch lernen, es soll den Eintritt in die deutsche Schule schaffen. In diesem Zusammenhang äußern Migranteneltern häufig den Wunsch, dass ihr Kind im Kindergarten nur mit deutschen Kindern Kontakt hat. Solche Vorstellungen führen bei vielen Erzieherinnen zu Konflikten mit den eigenen Zielen ihrer pädagogischen Arbeit und mit den im Kindergarten praktizierten Formen der Sprachförderung. Um falschen Erwartungen von seiten der Eltern und Spannungen zwischen Erzieherinnen und Eltern vorzubeugen ist es sinnvoll, das Thema „Sprachförderung im Kindergarten" in der Anfangszeit zur Sprache zu bringen. Migranteneltern werden in diesem Kontext darüber informiert, wie Sprachförderung in der deutschen Sprache in der Einrichtung praktiziert wird, welche Bedeutung die Muttersprache für den Zweitspracherwerb hat, und wie Eltern die Sprachentwicklung ihrer Kinder unterstützen können (vgl. Abschnitt „Sprachförderung mit Eltern thematisieren", Kapitel 3, und Elternbrief im Anhang).

Feste und Feiern

Feste sind Höhepunkte im Jahresablauf des Kindergartens und besonders positive Gelegenheiten für Familien aus verschiedenen Kulturen, sich besser kennen zu lernen, sich miteinander zu verständigen und Gebräuche aus anderen Ländern und Kulturkreisen zu erleben. Schon bei der Planung und Vorbereitung haben auch Migranteneltern vielfältige Möglichkeiten, sich aktiv einzubringen: Sie können etwas über die Tradition von Festen und ihre Bedeutung im Herkunftsland berichten, für ein Fest mit den Kindern ein Lied oder einen Tanz einstudieren, eine Spezialität vorbereiten oder ein Fest ihrer Herkunftskultur gestalten und durchführen.

Das Thema „Feste und Feiern im Kindergarten" sollte auch schon in der Anfangszeit mit Migranteneltern angesprochen werden, und zwar unter verschiedenen Aspekten:

- Neue (Migranten-) Eltern werden über traditionelle Feste informiert, über den religiösen Ursprung und die Bedeutung dieser Feste und über deren Gestaltung in der Einrichtung.
- Mit Eltern anderer Religionszugehörigkeit wird abgesprochen, wie bei traditionellen christlichen Festen ihre religiösen Vorstellungen berücksichtigt werden können. Es werden dann entsprechende Abmachungen getroffen.
- Erzieherinnen und Eltern überlegen, wie man Elemente aus anderen Kulturen bei traditionellen Festen integrieren kann. Neue Migranteneltern werden ermuntert, sich in diesem Zusammenhang aktiv – auch in Zusammenarbeit mit anderen Eltern ihres Kulturkreises – einzubringen.
- Erzieherinnen und Eltern planen, in jedem Kindergartenjahr ein oder mehrere Feste aus anderen Kulturen aufzunehmen, und sie mit den Kindern vorzubereiten.
- Erzieherinnen und Kinder gestalten einen „Festkalender" – dort sind alle Feste eingetragen, die in diesem Kindergartenjahr gefeiert werden.

5. Kommunikation und Zusammenarbeit mit Familien

Einschulung

Erzieherinnen berichten, dass Elternabende zum Thema „Einschulung" auch von Migranteneltern mit großem Interesse besucht werden. Es hat sich bewährt, für einen solchen Abend eine Lehrerin der zuständigen Schule zu gewinnen, die alle Fragen der Eltern aus der Sicht der Schule beantworten, und so auch eventuelle Unsicherheiten abbauen kann. Eine kooperative Lehrerin wird den zukünftigen Schulanfängern mit ihrer Erzieherin auch einen Besuch in der Schule ermöglichen. Bei dieser Gelegenheit können die Kinder das Schulgebäude von innen und einen Klassenraum kennen lernen und ihre zahlreichen Fragen zur Schule mit einer „richtigen" Lehrerin besprechen. Gegebenenfalls dürfen sie sogar eine „richtige" Schulstunde erleben.

Anschaulichkeit bei der Informationsvermittlung

Visuelle Formen der Vermittlung sind auch für deutsche Eltern ansprechender als rein verbale, dies gilt umso mehr für Migranteneltern, die wenig Deutsch sprechen. Zur ersten Information kann das ein Rundgang durch den Kindergarten sein. Bei Elternabenden und Elterntreffen werden Fotos, Dias oder ein in der Einrichtung gedrehtes Video gezeigt, die – lebendiger als reine „Vorträge" – Informationen über die konkrete praktische Arbeit vermitteln. Zu bestimmten Sachthemen können u.a Diareihen oder Filme von Landesfilmbildstellen ausgeliehen werden.

Sichtbare Mehrsprachigkeit, Übersetzungshilfen

- Im Laufe der Zeit werden Informationen und Formulare in die am häufigsten vertretenen Familiensprachen übersetzt.
- Grußformeln in allen Sprachen der Familien werden gut sichtbar im Eingangsbereich angebracht.
- Erzieherinnen lernen die Namen der Familien und Kinder richtig auszusprechen.
- Zu Gesprächen werden bei Bedarf Dolmetscher hinzugezogen, bzw. die Eltern werden gebeten, eine bilinguale Vertrauensperson mitzubringen.

Einzelgespräch und Elterntreffen in Kleingruppen

Für fremdsprachige Eltern ist der „klassische Elternabend" oft schwierig. Bei informellen Treffen in kleineren Gruppen oder im Zweiergespräch ist die Kommunikation leichter. Erzieherinnen sagen, dass manche Eltern auch gerne bereit sind, zu einem solchen Treffen z.B. einmal Fotos von ihrer Familie und aus ihrem Herkunftsland mitzubringen. In einer kleinen, überschaubaren Gruppe kann es sich dann eher einmal entwickeln, dass Eltern etwas von ihrer Kindheit, von ihrer eigenen Schulzeit erzählen oder auch eine Begebenheit aus ihrem Familienalltag.

Hier haben sich auch Angebote bewährt, die sich speziell an Frauen richten. Ein Frühstück nur für Mütter kann beispielsweise manchen muslimischen Müttern den Zugang und den Kontakt zur Einrichtung erleichtern: Aufgrund ihrer Rollendefinition können sie eher eine Frauengruppe besuchen, nicht unbedingt aber zu einem Elterntreff gehen. Aus den Treffen von unterschiedlichen Kleingruppen können sich gruppenübergreifende Initiativen entwickeln.

Deutschkurse für Eltern bzw. Mütter in den Räumen der Einrichtung

Deutschkurse, die in den Räumen der Einrichtung abgehalten werden, sind ein Angebot, das bei Eltern, vor allem bei Müttern, sehr viel „bewegen" kann und das den Kontakt zu ihnen sehr verbessert. Als Integrations- und Bildungsangebot für Eltern sind sie auch ein wichtiges Vorbild für die Kinder: Sie sehen, wie die Mutter bzw. die Eltern sich um die deutsche Sprache bemühen, sie bekommen „Lernvorbilder". Dieses Angebot darf allerdings von Fachkräften und Eltern nicht missverstanden werden: Es geht dabei nicht darum, Migranteneltern zu animieren, in der Familie mit ihrem Kind Deutsch zu sprechen – im Gegenteil, Eltern sollten immer wieder darin unterstützt werden, die Familiensprache im Alltag zu pflegen.

Gemeinsames Tun – ein Schlüssel zum besseren Kontakt mit Migrantenfamilien

Erzieherinnen haben die Erfahrung gemacht, dass Migranteneltern besonders gerne Angebote annehmen, bei denen das „gemeinsame Tun" im Mittelpunkt steht, Möglichkeiten, bei denen sie mitarbeiten und mitgestalten können: z.B. wenn Mütter mit den Kindern ein Lied oder einen Tanz ihrer Kultur einüben, wenn Eltern ein Fest vorbereiten oder gestalten, wenn Väter mit den Kindern Spielzeug reparieren oder wenn Eltern in der Einrichtung eine Spezialität ihres Herkunftslandes zubereiten. Nicht nur die Vor- und Zubereitung von Speisen geben interessante Einblicke in eine andere Kultur, auch das gemeinsame Essen ist immer ein besonderes Erlebnis. In manchen Ein-

Kommunikation und Zusammenarbeit mit Familien

richtungen sind aus diesen Aktivitäten internationale Rezeptbücher entstanden, aus denen hin und wieder im Kindergarten gekocht wird.

Es gibt noch viele andere Möglichkeiten für Migranteneltern, in der Einrichtung etwas mit Kindern und Fachkräften „auf die Beine zu stellen", vom Einüben eines Kinderliedes aus dem Herkunftsland bis hin zu einem mehrsprachen Theaterstück, das sie mit ihren Kindern und vielleicht auch mit deren älteren Geschwistern realisieren.

Aktivitäten mit Eltern – rund ums Buch in verschiedenen Sprachen

Zwei-, mehr- und anderssprachige Bilderbücher, Geschichten, Märchen, Bücher mit Versen und Reimen signalisieren Kindern und Eltern aus anderen Kulturen nicht nur, dass ihre Familiensprachen in der Einrichtung wertgeschätzt werden, sie eröffnen auch sehr konkrete Möglichkeiten, mit Eltern zusammen zu arbeiten und sie am pädagogischen Alltag aktiv teilnehmen zu lassen. Wie können Aktivitäten mit Eltern rund ums Buch konkret aussehen?

- (Migranten-) Eltern hospitieren beim dialogorientierten Vorlesen und Erzählen in der Kindergruppe, bei dem die Kinder angeregt werden, ihre Gedanken und Assoziationen zu äußern und auch selbst zu erzählen. Diese Situation zeigt Eltern beispielhaft, wie auch sie über eine Geschichte mit ihren Kindern ins Gespräch kommen und sich etwas erzählen können.

- Migranteneltern lesen den Kindern aus einem zweisprachigen Buch eine Geschichte in ihrer Herkunftssprache vor, die die Erzieherin ihnen auf Deutsch vorgelesen hat.

- Sprachlich kompetente bilinguale Migranteneltern übersetzen den Text eines deutschen Bilderbuches, um ein zweisprachiges Buch herzustellen. Ein Beispiel: Das klassische und sehr beliebte Bilderbuch *Die kleine Raupe Nimmersatt* wird für die Einrichtung mehrmals angeschafft. Der Text des Buches wird in die verschiedenen Familiensprachen übersetzt, in den Computer geschrieben, ausgedruckt und neben den deutschen Text ins Buch geklebt. So entsteht im Laufe der Zeit ein Fundus an zweisprachigen Büchern. Sie werden in der Einrichtung vorgelesen, können aber auch von Kindern und Eltern nach Hause ausgeliehen werden. (Die Idee, selbst angefertigte Übersetzungen in ein deutschsprachiges Bilderbuch einzukleben, verdanken wir Frau Safak Kuyumcu, Amt für Schule, Kinder- und Jugendeinrichtungen, Kiel).

- Bilinguale Eltern wirken bei dem Projekt „Wir gestalten eigene Geschichtenbücher" mit. Kinder diktieren ihre Geschichten – auch in ihren Herkunftssprachen – und es entstehen zwei- oder mehrsprachige Bücher mit den Geschichten der Kinder.

- Erzieherinnen geben Eltern bei kleineren Buchausstellungen in der Einrichtung immer wieder die Möglichkeit, sich über Bücher zu aktuellen Themen, über die Lieblingsbücher der Kinder oder über zwei- und mehrsprachige Bücher zu informieren.

- Erzieherinnen, Kinder und Eltern besuchen gemeinsam die Stadtteilbibliothek. Sie informieren sich über das Bücherangebot und die Buchausleihe. In vielen Bibliotheken gibt es auch mehrsprachige Kinderbücher und Informationsmaterial in verschiedenen Sprachen.

- (Migranten-) Eltern bekommen den Elternbrief *Wie lernt mein Kind 2 Sprachen – Deutsch und die Familiensprache?* (s. Anhang) in ihrer Herkunftssprache und in Deutsch mit nach Hause. Dieser Elternbrief ist gedacht als Ergänzung und Unterstützung für das Gespräch zwischen Erzieherinnen und Eltern über die Bedeutung des Vorlesens und Erzählens für die Sprachentwicklung und Sprachförderung ihrer Kinder.

6.

Was mache ich mir für ein Bild?
Erfahrungen und Stereotypen im Umgang mit anderen Kulturen

Michaela Ulich

6. Was mache ich mir für ein Bild?

Woher kommen die Bilder im Kopf? Persönliche Erfahrung und öffentliche Meinung

Kinder aus verschiedenen Kulturen – das gehört für Erzieherinnen seit Jahrzehnten zum Alltag. Sie haben täglich mit Migrantenkindern und z.T. auch mit deren Familien zu tun. Das heißt, sie kennen diese Welt aus erster Hand, sie haben persönliche Erfahrungen. Neben dieser Erfahrungsebene gibt es aber noch eine andere Ebene der Meinungsbildung. Der ganze Bereich – Ausländer, doppelte Staatsbürgerschaft, Zuwanderung, „Kinder zwischen zwei Welten", „Islam" – ist ein brisantes Thema, besetzt von Bildern und Geschichten, die in den Medien verbreitet und „gehandelt" werden. Insbesondere türkische Migranten und islamische Kulturen werden häufig mit negativen Stereotypen besetzt. Religiöser Fanatismus und die Unterdrückung der Frau gehören zu diesem Bild. Wir möchten hier nicht sagen, dass Fundamentalismus kein Problem sei, oder dass religiöse Vorstellungen und Rollenerwartungen aus anderen Kulturen uns nicht fremd sein dürfen.

Uns geht es um eine ganz andere Frage: Woher kommen unsere Bilder von anderen Kulturen, was haben wir für eine Geschichte im Kopf, wenn wir an „ausländische Kinder" in Deutschland denken? Denn, das haben viele Untersuchungen gezeigt – und unsere langjährige Fortbildungspraxis in diesem Bereich bestätigt –, wir machen uns ein Bild von anderen Kulturen, das Verallgemeinerungen und Zuschreibungen enthält, ein Bild das sich oft nicht nur aus persönlichen Erfahrungen zusammensetzt. Wenn ich als Praktikerin aber täglich mit Kindern aus anderen Kulturen zu tun habe, fällt es mir schwer zu glauben, dass auch ich in meinen Bildern nicht nur von meinen persönlichen Erfahrungen, sondern auch von der öffentlichen Meinung geprägt sein könnte.

Ein Beispiel zur Veranschaulichung. Im Rahmen von Fortbildungen wurden Erzieherinnen gebeten, eine Geschichte zu schreiben zum Thema „ein Tag im Leben eines ausländischen Kindes in Deutschland". Welche Themen und Kinder tauchen in diesen Geschichten auf? Fast alle schrieben über das schwere Schicksal und die Konflikte türkischer Mädchen im Teenageralter in ihren eher traditionellen Familien. Obgleich fast alle Erzieherinnen mit Kindern unter sechs Jahren arbeiteten, gab es keine Geschichte über Kinder im Vorschulalter; in keiner Geschichte kam ein Kind vor, das sich über etwas gefreut hätte.

Was sagen uns diese Geschichten?

– Wir machen uns ein Bild von Migrantenfamilien, speziell von türkischen Familien.
– Die zwei Ebenen „konkrete pädagogische Arbeit und Erfahrungen" einerseits und „kulturspezifische Bilder" andererseits sind nicht deckungsgleich, denn es wurden vor allem Geschichten über ausländische Jugendliche in ihrem Familienalltag entworfen – bei einer Berufsgruppe, die sich vor allem mit jüngeren Kindern innerhalb von pädagogischen Einrichtungen beschäftigt und eher selten Familienbesuche macht.
– Wir sind auf die Probleme und Kulturkonflikte von Migrantenkindern fixiert; Streiche, Spiele oder Kompetenzen der Kinder kamen in diesen Entwürfen nicht vor.

Meine Geschichte von Ayla – eine Phantasieübung

Es ist schwierig, über Vorurteile mit Kolleginnen zu diskutieren oder selbst zu merken, auf welche Personen oder Situationen ich mit „vorgefertigten" Bildern reagiere. Das Weitererzählen oder Erfinden von Geschichten ist hier eine Methode, die Spaß machen kann und die auf sehr konkrete Weise unsere Deutungsmuster veranschaulicht. Wenn ich mir über ein afrikanisches Kind in meiner Gruppe eine Geschichte ausdenke – z. B., wie dieses Kind mit 15 Jahren sein wird, oder wie es das Heimatland der Eltern erlebt – und wenn ich diese Geschichte mit einer Kollegin teile, dann werden mir die eigenen Bilder und „Vorurteile" bewusster; ich merke, dass ich je nach Kultur „Mustergeschichten" von Konflikten oder Biografien im Kopf habe. In diesen Mustergeschichten spiegeln sich u.a. meine Erwartungen an Kinder und sie bestimmen z.T. unbewusst mein Verhalten gegenüber Eltern und Kindern.

Ein konkretes Beispiel für eine „Phantasieübung"

Die Geschichte:

Eine Erzieherin berichtet, dass sich ein fünfjähriges türkisches Mädchen, Ayla, bei ihr beschwert, dass sie zuhause immer ihre zwei älteren Brüder bedienen muss. Auf die Frage, wie sich Ayla in der Kindergruppe gegenüber türkischen und anderen Jungen verhält, antwortet die Erzieherin: Ayla ist sehr selbstbewusst, sie übernimmt sogar häufig die Führungsrolle.

6. Was mache ich mir für ein Bild?

Die Frage:

Wie geht Aylas Geschichte weiter? Was sagt die Erzieherin zu ihr, wie wird sich Ayla entwickeln?

Diese „Phantasieübung" lässt sich gut im Team, aber auch alleine, durchspielen. Bei Fortbildungen wurde diese „Minigeschichte" als Impulsgeschichte verwendet. Es entstanden viele interessante Geschichten und Diskussionen, die wir leider hier nicht im einzelnen wiedergeben können, wir können nur wesentliche Tendenzen beschreiben.

Die meisten Geschichten handelten von Aylas Kulturkonflikt und von ihrem düsteren zuhause, und vom Versuch der Erzieherin, sie in einer offensiven Selbstbehauptung zuhause zu unterstützen. Es wurde geschildert, wie Ayla von der Erzieherin aufgefordert wurde, diese Ungerechtigkeit mit der Mutter, den Brüdern und dem Vater zu diskutieren, und sich aktiv zu wehren. Oder die Mutter wurde von der Erzieherin „herbeizitiert", um das Problem der Unterdrückung der Frau mit ihr zu besprechen. Zwei Geschichten verliefen anders. Die eine Geschichte erzählte, wie die Erzieherin mit den Kindern eine intensive Gesprächsrunde führte, über das „was sie zuhause stört", welche Gebote oder Pflichten. Von den Kindern – deutschen, griechischen, italienischen, türkischen, afrikanischen – wurden viele unterschiedliche Dinge genannt. So relativierte sich Aylas ganz besondere Situation. In einer anderen Geschichte haben Ayla und ihre Schwester heimlich die Speisen für ihre Brüder in der Küche versalzen und hatten sehr viel Spaß dabei. Die Brüder fluchten und aßen nicht mehr so oft zuhause.

Was sagen uns unsere „Geschichten"?

Der Versuch, Aylas Widerstand zu stärken, kann in bestimmten Situationen durchaus sinnvoll sein – außerdem entspricht dies unserem Ideal des selbstbewussten, emanzipierten Mädchens. Dieses pädagogische Deutungs- und Handlungsmuster hat aber möglicherweise auch noch eine andere Seite. Wenn ich als Erzieherin vor allem den Kulturkonflikt, die Unterdrückung der Frau in muslimischen Familien sehe, bekomme ich möglicherweise Aversionen gegen den Vater und die Brüder von Ayla, die sie manchmal abholen, und entwickle unbewusst oder bewusst vielleicht Mitleid oder Abneigung gegenüber der Mutter, die in dieser traditionellen Familie leben muss, und die ihre Tochter auch nicht davor schützen kann. Dies wird Ayla spüren und sich möglicherweise für ihre Familie schämen. Gleichzeitig vermittle ich Ayla vielleicht, dass sie sich zwischen den beiden Welten entscheiden muss.

Halten wir fest: Ayla kennt verschiedene Welten. Zuhause bedient sie die Männer, in der Einrichtung ist sie stark und selbstbewusst und erzählt das Ganze der Erzieherin. Wir können daraus schließen, dass dieses fünfjährige Mädchen bereits zwei verschiedene Rollen spielen kann, sie beherrscht, was man „code-Wechsel" nennt, das Wechseln von einem Bezugssystem ins andere – sonst würde sie nicht in dieser Weise von zuhause erzählen und Führungsrollen in der Kindergruppe übernehmen. Mit dieser Perspektive können wir das Ganze auch etwas anders sehen und in unserer Phantasie Aylas Geschichte anders interpretieren, bzw. „weiterspinnen": Ayla wird vielleicht einmal zu den besonders starken und widerstandsfähigen Migrantenkindern gehören, die verschiedene Kulturen integrieren können und wir können uns fragen, wie wir sie in dieser Entwicklung bestärken könnten. Sie entwickelt vielleicht ganz eigene Formen von Widerstand und Anpassung, die ihr helfen, sich in verschiedenen Kulturen zu bewegen, und die nicht unserem Ideal der „offenen Diskussion" entsprechen.

Kulturkonflikt und Entwicklungschance

Soviel ist klar: Kulturkonflikte gibt es täglich, und diese Konflikte sind für viele Kinder sehr belastend, manchmal auch überwältigend. Aber es gibt neben Belastungen auch Entwicklungschancen.

Einige Migrantenkinder und auch deutsche Kinder lernen, in verschiedenen Welten zu leben. Dies gehört zu ihrer Identität, zu ihren Schwierigkeiten und zu ihren besonderen Kompetenzen. Wir können heute nicht mehr von bruchlosen einheitlichen Räumen und Identitäten ausgehen. Auch ein deutsches Kind erlebt oft bei der Oma etwas anderes als bei den Eltern, was die Eltern oft ärgert („das Kind wird verwöhnt" hört man dann von den Eltern). Ähnliches gilt für den Umzug vom Land in die Stadt, oder für Kinder mit getrennten Eltern, die in verschiedenen Haushalten mit unterschiedlichen Normen leben.

Die Fähigkeit, sich in verschiedenen Welten zurechtzufinden, ist für Kinder und Erwachsene sehr wichtig, und dies ist eine Fähigkeit, die selbstbewusste bikulturelle und zweisprachige Kinder in besonderem Maße entwickeln können. Für diese Kinder wird es schwerer, diese Fähigkeit zu entwickeln, wenn wir uns auf ihre Kulturkonflikte fixieren und ihnen unbewusst vermitteln, dass wir alle nur in einer einheitlichen Welt leben können, oder leben sollten – in einer Welt ohne Widersprüche. Möglicherweise brauchen wir als Inländer

Was mache ich mir für ein Bild?

ein Konzept von kultureller Identität, das Konflikte nicht tabuisiert, aber gleichzeitig mehr Widersprüche zulässt – dann wird es auch für die betroffenen Kinder leichter, mit Widersprüchen zu leben und mit verschiedenen Erwartungen zu spielen, konstruktiv umzugehen. Pädagogisch gesehen erscheint uns das Bild von Kindern, die *in* und *mit* verschiedenen Welten leben, konstruktiver als der gängige Slogan „Kinder *zwischen* zwei Welten". Dieser beinhaltet eher Zerrissenheit und dann die Notwendigkeit, sich für eine Welt zu entscheiden. Und dies kann irreführend sein, denn die verschiedenen Welten, in denen Kinder sich bewegen, gehören zu ihrer Geschichte und Identität, selbst dann, wenn sie sich zeitweise von einer dieser Welten bewusst abwenden.

Auch Kinder machen sich ein Bild

Nun stellt sich die Frage, welche Bilder und Einstellungen Kinder entwickeln. Im allgemeinen nehmen wir an, dass gerade jüngere Kinder eher auf konkrete Situationen und Erfahrungen reagieren und eigentlich noch nicht zu Vorurteilen oder Verallgemeinerungen neigen. Dies ist nur mit Einschränkungen richtig. Im Vergleich zu älteren Kindern oder Erwachsenen reagieren jüngere Kinder tatsächlich unmittelbar auf die je konkrete Situation, aber sie bilden gleichzeitig verallgemeinernde Konzepte. Bereits im Vorschulalter – dies wurde in zahlreichen Untersuchungen in USA nachgewiesen – entwickeln Kinder Bilder von anderen Kulturen und Rassen. Diese Einstellungen zu anderen Sprachen und Kulturen kommen dann spätestens im Schulalter zum Tragen, z.B. in Form von selbstverständlicher Toleranz und Neugierde oder aber von Vorurteilen und Ängsten – und sie äußern sich dann auch in beobachtbaren Verhaltensweisen.

So gesehen ist zunächst eine Form von aktiver Kulturarbeit auch im Vorschulalter wichtig, wie wir sie in zahlreichen Publikationen und in Kapitel 4 „Die Familiensprachen der Kinder im pädagogischen Angebot" skizziert haben. Neben dieser selbstverständlichen Präsenz und Wertschätzung anderer Sprachen ist jedoch auch die Thematisierung von „heißeren" Themen mit Kindern wichtig.

Ein Beispiel: In einer Kindergruppe sind 25% muslimische Kinder – in Ballungsgebieten heute keine Seltenheit. Die Kinder bauen in der Vorweihnachtszeit eine Krippe auf; ein türkischer Vater betritt den Raum und braust auf, als er sieht, dass sein Kind Erman begeistert mitmacht. Er fährt die Erzieherin an und sagt: Das wusste ich nicht, ab morgen darf Erman nicht in den Kindergarten – bis Weihnachten. Erman weint und sagt, er will aber in den Kindergarten kommen. Die Erzieherin versucht den Konflikt aus der Kindergruppe herauszunehmen und bespricht das Ganze dann mit dem Vater draußen vor der Tür. Erman kommt erst nach Weihnachten wieder in den Kindergarten.

Nun könnten bei den deutschen und islamischen Kindern möglicherweise folgende Bilder entstehen:

a) türkische Kinder dürfen dieses und jenes nicht, denen wird ganz viel verboten;

b) andere Religionen und Kulturen sind im gemeinsamen öffentlichen Raum der Kinder nicht existent, sie müssen draußen bleiben, sie sind etwas, das „stört".

So entsteht kaum ein bewusstes Geben und Nehmen, ein Respekt vor dem Anderssein. Wenn in der Kindergruppe jedoch auch die islamischen religiösen Feste – mit Hilfe von ausländischen Kolleginnen oder Eltern – thematisiert werden, dann können Kinder das „Anderssein" besser einordnen und der Konflikt zwischen dem türkischen Vater und der Erzieherin kann dann offener und für die Kinder durchsichtiger geführt werden. Im Team könnte die Erzieherin erzählen, dass die Reaktion des türkischen Vaters sie gestört oder geärgert hat, und vielleicht haben Kolleginnen Erfahrungen, die hier weiterhelfen können.

Bewusste Kulturarbeit – auch mit Kindern

Zurück zu den Kindern: Es reicht nicht aus, wenn Kinder unterschiedlicher Nationalitäten sich gut verstehen und miteinander spielen. Es geht auch darum, dass Kinder lernen, die Kultur und Sprache des anderen zu schätzen. Ich kann als Pädagogin nicht nur sagen „wir sind alle gleich", und versuchen, Distanz abzubauen. Ich muss darüber hinaus auch Respekt vor dem Anderssein vermitteln.

Zum Thema „Respekt vor dem Anderssein", eine kleine Fabel von Günther Anders mit dem Titel „Der Löwe":

Als die Mücke zum ersten Mal den Löwen brüllen hörte, da sprach sie zur Henne:

> „Der summt aber komisch."
> „Summen ist gut", fand die Henne.
> „Sondern?" fragte die Mücke.
> „Er gackert", antwortete die Henne.
> „Aber das tut er allerdings komisch."

Interkulturelle Erziehung hat eine schwierige doppelte Aufgabe: Einerseits das Anderssein zu akzeptieren und andererseits das Unvertraute nicht als Fremdartiges und als Problem „aufzublasen" und

6. Was mache ich mir für ein Bild?

auszugrenzen, sondern im Gegenteil selbstverständliche Formen des Kulturaustauschs anzuregen. Das heißt: In keinem Fall geht es darum, Kindern Probleme oder Unterschiede zu suggerieren. Die zwei Leitfragen sind vielmehr:

– Wie mache ich für Kinder Kulturaustausch konkret erfahrbar (vgl. Kapitel 4 „Die Familiensprachen der Kinder im pädagogischen Angebot" für entsprechende Anregungen)?

– Wie kann ich bereits bei Kindern „Fremdheitserlebnisse" aufgreifen und mit einzelnen Kindern oder in der Gruppe aufarbeiten?

Für die zweite Leitfrage bieten sich auch für Kinder Geschichten an – als Bilderbuch, als Film, als Hörspiel. Bilder und Geschichten sprechen Kinder emotional an, und gerade in der interkulturellen Arbeit ist dies oft wirkungsvoller als Diskussionen, Aufklärung, oder moralische Appelle. Vor allem sind Geschichten eine indirekte und spielerische Aufforderung. Man fragt nicht ein afrikanisches Kind: Wie fühlst du dich, wenn du in die Heimat deiner Eltern fährst? Man schaut sich zunächst ein Buch oder einen Film an, das dieses Thema berührt. Zu Bildern und Geschichten assoziieren Kinder dann oft freier und sie sprechen auch eher persönliche Probleme an, als bei direkten Fragen – diese können hemmen oder sogar beschämen.

Vorurteilsbewusste Arbeit

In den letzten Jahren hat das Konzept der „vorurteilsbewussten" Arbeit im pädagogischen Bereich an Bedeutung gewonnen. Ein grundlegendes Werk dazu für den Elementarbereich ist das Buch: C. Preissing & P. Wagner (2003), *Kleine Kinder – keine Vorurteile?* Freiburg: Herder. Dieses Buch behandelt das Konzept der vorurteilsbewussten Arbeit auf verschiedene Ebenen – Eltern, Kinder, Einrichtungsleitung – und konkretisiert diese Arbeit anhand von zahlreichen Beispielen.

7.

Evaluation: Modewort oder konkrete Praxishilfe?

Pamela Oberhuemer

7. Evaluation

Im Rahmen der derzeitigen Qualitätsdiskussion um Kindertageseinrichtungen hören wir das Stichwort „Evaluation" immer wieder. Was bedeutet das für die alltägliche Arbeit in der Einrichtung?

Evaluieren heißt so gut wie „Auswerten und Bewerten". Allerdings geht es nicht um eine spontane, intuitive Bewertung, sondern um eine Urteilsfindung auf der Grundlage von fundierten und systematisch gewonnenen Informationen und Erkenntnissen. Es geht darum, Praxis zu analysieren, über sie nachzudenken, um danach überlegter und sicherer handeln zu können. In unserem konkreten Fall geht es um die interkulturelle Dimension der Arbeit in Kindergärten und anderen Tageseinrichtungen. Wie können wir diese Arbeit kritisch reflektieren, besser verstehen und auch besser gestalten? Mit der Hilfe von entsprechenden Informationen, Anregungen, Fragen und Arbeitsschritten wollen wir hierfür Impulse geben.

Evaluation hat viele Gesichter, je nachdem, wer was evaluiert und warum. Dabei kann der kritische Blick entweder von außen (externe Perspektive) oder von innen (interne Perspektive) kommen. In beiden Fällen gibt es unterschiedliche Vorgehensweisen.

Der Blick von außen: Auswerten und Bewerten unter Verwendung von festgelegten Kriterien

Bei der externen Perspektive, dem Blick von außen (manchmal „Fremdevaluation" genannt) geht es meist um die Beschreibung eines Zustands, um die Feststellung von Qualität nach bestimmten im Vorfeld festgelegten Kriterien. In der erziehungswissenschaftlichen Literatur wird diese Art der Fremdevaluation als nur eine Möglichkeit gesehen, Einsichten über pädagogische Praxis zu gewinnen, eine, die durchaus kritisch gesehen wird. Es wird zum Beispiel in Frage gestellt, ob die gewählten Kriterien für die Beurteilung und Bewertung „wertfrei" und „objektiv" sein können. Kriterien – so wird argumentiert – sind immer wertorientiert, immer von „Normvorstellungen" geleitet, und diese Normvorstellungen können sehr unterschiedlich sein.

Der Blick von außen und innen: Auswerten und Bewerten unter Verwendung von gemeinsam vereinbarten Kriterien

Diese Vorgehensweise geht von anderen Grundannahmen aus: Diejenigen, die in ihrer Arbeit bewertet werden sollen, sollen Einblick in den Bewertungsvorgang haben, und auch selbst bei der Aufstellung von Bewertungskriterien und bei der Durchführung der Bewertung mitwirken. Ziel dabei ist eine Verbesserung der Arbeit – im Vergleich zu dem, was man bisher gemacht hat. Diese Auffassung kann vielleicht am besten mit einem Beispiel erklärt werden.

In Großbritannien wurde eine Evaluationsstudie in 700 Tageseinrichtungen durchgeführt (öffentliche und private Kindergärten und Tagesstätten, Eingangsklassen der Grundschule, Elterninitiativgruppen) unter Beteiligung von 3 000 Fachkräften (vgl. Christine Pascal & Tony Bertram (1997). Effective Early Learning. London: Hodder & Stoughton). Qualität wurde als ein wertorientiertes, subjektives und dynamisches Konstrukt definiert, das sich je nach Zeitpunkt, Sichtweise und Standort ändern kann. Nach dieser Auffassung wird Qualitätsbestimmung und die Beurteilung von Qualität (Evaluation) am besten erreicht durch die aktive Mitwirkung der am Prozess der Qualitätsverbesserung Beteiligten. Wichtiger als ein „Endprodukt" oder ein „Ergebnis" sind die kritische Reflexion und die Weiterentwicklung von Praxis. Hier können wir von Qualitätsentwicklung sprechen.

Das Projekt ging von folgenden Grundsätzen der Evaluation aus:

- Evaluation ist notwendig.

- Eine externe Perspektive ist wichtig – unter der Voraussetzung, dass Beurteilende und Beurteilte (assessor and assessed) sich kennen und vertrauen.

- Grundlage der Evaluation ist ein offener Austausch, der in einer gemeinsamen Sprache gründet.

- Diese Gespräche sollen sich über einen bestimmten Zeitraum erstrecken (keine einmalige „Überprüfung").

- Der Dialog soll sich an einem transparenten, vereinbarten Rahmen orientieren.

- Die Kriterien für die Evaluation sollen gemeinsam zusammengetragen und reflektiert werden.

Evaluation 7.

- Der Evaluationsprozess soll zu konkreten „Aktionsplänen" führen.
- Diese Veränderungsinitiativen (Projekte) sollen begleitet, unterstützt und dokumentiert werden.
- Die Einrichtungen sollen selbst Evaluationsprozesse in ihre Praxis integrieren.
- Verpflichtung und „von-oben-ab"-Vorgehensweisen sind nicht effektiv. Entscheidend sind Zusammenarbeit und Partizipation im Evaluationsprozess.

Der Blick von innen: Einrichtungen und pädagogische Fachkräfte beurteilen ihre Arbeit selbst

Die Motive für die Einleitung von Evaluationsprozessen „von innen" können unterschiedlich sein. Vielleicht wollen Leitung und Mitarbeiter/innen das Leistungsangebot der Einrichtung insgesamt kritisch analysieren. Ist das Angebot „bedarfsgerecht"? Orientiert es sich tatsächlich an den Bedürfnissen der Kinder und Familien im Umfeld? Hier geht es vorwiegend um Fragen der Konzeptionsentwicklung und der Öffentlichkeitsarbeit, auch um Leitungsfragen. Dies können wir **Programm-Selbstevaluation** nennen. Oder vielleicht steht das Team und die Teamentwicklung im Mittelpunkt. Wie laufen unsere Teamsitzungen ab? Kommen wir überhaupt dazu, Inhaltliches zu besprechen? Wie können wir Aufgaben besser verteilen? Welche Ziele wollen wir uns für die nächste Zeit setzen? Was wollen wir anders machen, und wie wollen wir dies erreichen? Hier können wir von **Team-Selbstevaluation** sprechen. Oder vielleicht geht es um das Bedürfnis einer bestimmten Mitarbeiterin, ihr Verhalten durch die Augen einer vertrauten Person zu sehen – im Rahmen der **kollegialen Evaluation** (z.B., wie ich mit Kindern spreche, ob ich dauernd Fragen stelle, ob ich Aktivitäten sachlich kommentiere, ob ich verschiedene Lösungswege für Probleme aufzeige, ob ich übermäßig viel lobe oder zu oft korrigiere usw.). Oder vielleicht geht es einfach um das Bedürfnis, die eigene pädagogische Praxis mit verschärftem Blick zu sehen: Wie ich meine Arbeit und meinen Tagesablauf organisiere, welche Ziele ich habe, warum ich diese und jene Angebote mache (oder auch nicht). Hier können wir von kritischer Selbstreflexion sprechen, von systematischer Selbsteinschätzung im Rahmen einer selbstgesteuerten Professionalisierung – oder eben von **individueller Selbstevaluation**. In der englischsprachigen Literatur heißt die pädagogische Fachkraft dann *„teacher-as-researcher"* oder *„reflective practitioner"*: Die Fachkraft, die bereit ist, die eigene Praxis systematisch und mit kritischem Blick zu untersuchen. Dabei kann es sich durchaus um eine Mischung dieser verschiedenen Ebenen der Evaluation handeln.

In diesem Sinne sind die Anregungen in den verschiedenen Kapiteln dieses Buchs zu verstehen. Das heißt nicht, dass wir Fremdevaluation nicht für sinnvoll halten. Die Außenperspektive kann durchaus helfen, Praxis und Praxisbedingungen zu verbessern, indem einzelne Aspekte in die Aufmerksamkeit der Öffentlichkeit, der Wissenschaft und der Politik gerückt werden. Dies ist aber nicht unser Schwerpunkt. Hier geht es um die Innenperspektive, um das Bemühen, reflexive Praxis als Teil einer kontinuierlichen professionellen Entwicklung zu sehen, die im Dialog mit anderen gestaltet wird: Mit anderen Kolleginnen, mit dem Träger, mit Eltern, mit der Fachberatung ...

Selbstevaluation – Selbstreflexion – Selbstorganisation

Günstig ist es sicherlich, wenn diese Innenperspektive fachlich begleitet werden kann. Das kann durch die Einbindung in ein Projektvorhaben mit wissenschaftlicher Begleitung sein, durch die Teilnahme an einem Fortbildungsangebot, das auch Formen der Supervision integriert, oder durch regelmäßige Sitzungen mit der trägereigenen Fachberatung. Leider ist die Infrastruktur für diesen sehr wichtigen, reflektierenden Aspekt der Weiterentwicklung von pädagogischer Qualität noch schwach ausgebaut. Vor diesem Hintergrund ist es zunächst einmal hilfreich, wenn es praxisorientierte Leitfäden und Fragenkataloge gibt, die den Selbstreflexionsprozess qualifiziert unterstützen. Denn die tagtägliche Arbeit mit Kindern und Familien lässt meistens wenig Raum für die Entwicklung von Beobachtungsbögen oder Frageraster.

Vor jeder Evaluation ist es auf jedem Fall wichtig zu klären:

- Wer will die Evaluation?
- Was ist der konkreter Anlass der Evaluation?
- Was ist das Ziel der Evaluation?

Im folgenden Kapitel geht es darum, wie Sie – mit Hilfe eines Leitfadens – einen bestimmten Ausschnitt der interkulturellen Arbeit genauer in den Blick nehmen und Verbesserungsschritte einleiten können.

7. Evaluation

Nationale Qualitätsinitiative (NQI) – Evaluationsverfahren für pädagogische Fachkräfte und Einrichtungsträger

Seit Erscheinen der ersten Auflage dieses Buchs liegen Ergebnisse der Nationalen Qualitätsinitiative (2000 – 2006) vor. Vier wissenschaftliche Institute haben detaillierte Qualitätskriterien sowie praxiserprobte Evaluationsverfahren für Erzieher/innen und Träger entwickelt – für die Selbsteinschätzung (und Fremdeinschätzung) von pädagogischer Arbeit und Managementaufgaben:

IFP – Staatsinstitut für Frühpädagogik, München, zum Thema Trägerqualität (TQ), www.ifp-bayern.de

INA – Internationale Akademie gGmbH an der Freien Universität Berlin zum Thema Qualität im Situationsansatz (QuaSi), www.ina-fu.org

Päd*QUIS* gGmbH Kooperationspartner der Freien Universität Berlin zum Thema Qualität in der Arbeit mit Kindern von 0 bis 6 Jahren, www.paedquis.de

SPI – Sozialpädagogisches Institut NRW, zentrale wissenschaftliche Einrichtung der Fachhochschule Köln zum Thema Qualität für Schulkinder in Tageseinrichtungen (QUAST), www.spi.nrw.de

Die Kriterienkataloge und Evaluationsinstrumente wurden in Handbüchern für pädagogische Fachkräfte und Einrichtungsträger veröffentlicht:

Fthenakis, W. E./Hanssen, K./Oberhuemer, P./Schreyer, I. (Hrsg.) (2009). Träger zeigen Profil. Qualitätshandbuch für die Träger von Kindertageseinrichtungen. Mit CD-ROM. Berlin: Cornelsen Scriptor.

Preissing, C. (Hrsg.) (2009). Qualität im Situationsansatz. Qualitätskriterien und Materialien für die Qualitätsentwicklung in Kindertageseinrichtungen. Mit CD-ROM. Berlin: Cornelsen Scriptor.

Strätz, R./Hermens, C./Fuchs, R./Kleinen, K./Nordt, G./Wiedemann, P. (2008). Qualität für Schulkinder in Tageseinrichtungen und Offenen Ganztagsgrundschulen. Ein nationaler Kriterienkatalog. Berlin: Cornelsen Scriptor.

Tietze, W./Viernickel, S. (2007). Pädagogische Qualität in Tageseinrichtungen für Kinder. Ein nationaler Kriterienkatalog. Berlin: Cornelsen Scriptor.

Tietze, W. (Hrsg.) und Dittrich, I./Grenner, K./Groot-Wilken, B./Sommerfeld, V./Hanisch, A./Viernickel, S. (2007). Pädagogische Qualität entwickeln. Mit CD-ROM. Berlin: Cornelsen Scriptor.

Interkulturelle Arbeit und Sprachförderung kommen – wenn auch in unterschiedlicher Form – in diesen Qualitätskatalogen und Evaluationsverfahren als Bestandteil der Bildungs- und Erziehungsarbeit vor.

8.

Über Praxis nachdenken, Praxis verändern.

Ein Leitfaden für die interkulturelle Arbeit in Kindertageseinrichtungen

Pamela Oberhuemer

8. Leitfaden für die interkulturelle Arbeit

In diesem Kapitel versuchen wir, Ihnen ein „Gerüst" zu geben, einen Leitfaden, um einen bestimmten Schwerpunkt der interkulturellen Arbeit aufzuschlüsseln und genauer anzuschauen. Je nachdem, welchen Schwerpunkt Sie wählen, helfen dann einzelne Kapitel der Broschüre weiter.

Dieses Kapitel ist als konkrete Arbeitshilfe gedacht – eine Vorlage, die mehrfach kopiert und vielseitig eingesetzt werden kann. Der Leitfaden wurde im IFP entwickelt und von Erzieherinnen mit mehrjähriger Erfahrung in der Zusammenarbeit mit Migrantenkindern und -eltern kritisch überprüft. Die Leitfragen sind dazu gedacht, Ihnen einen Reflexionsrahmen für Ihre interkulturelle Arbeit zu geben. Sie sind als Orientierung gedacht. Es heißt nicht, dass Sie alles ausfüllen sollen – nur das, was Ihnen bei der Planung und Durchführung einzelner Aspekte der Arbeit hilft. Der Leitfaden ist auch als Diskussionsgrundlage für Teambesprechungen gedacht, als Verständigungshilfe in der Suche nach gemeinsamen Zielen und Arbeitsschwerpunkten.

Der Leitfaden gliedert sich in vier Teilen oder Arbeitsschritten:

1. Situationsanalyse und Zielformulierung
In den ersten Fragen geht es darum, die derzeitige Situation in Ihrer Gruppe genauer zu beschreiben. Welche und wie viele Kinder kommen aus Migrantenfamilien? Welche Situationen beschäftigen mich in der Gruppe zur Zeit? Was möchte ich anders machen oder neu probieren? Welchen Schwerpunkt möchte ich in den Blick nehmen? Was möchte ich dabei erreichen?

2. Aktionsplan
Im zweiten Schritt geht es um die Planung des Vorhabens. Welche Informationen brauche ich? Welche Vorbereitungen sind notwendig? Wie möchte ich konkret vorgehen?

3. Erprobung – Dokumentation – Reflexion
Das Vorhaben wird gezielt erprobt (vielleicht als besonderes Projekt, vielleicht durch eine andere Organisation des Alltags). Wie können einzelne Arbeitsschritte dokumentiert und reflektiert werden?

4. Zusammenfassende Auswertung
Schließlich geht es um eine rückblickende Auswertung des Vorhabens. Was habe ich erreicht? Was sagen andere dazu? Wie geht's weiter?

1. Situationsanalyse und Zielformulierung

Ich verschaffe mir einen Überblick

1. In meiner Gruppe gibt es Kinder mit Eltern aus folgenden Herkunftskulturen:

Kind (Name)	Herkunftsland	
	Mutter	Vater

Leitfaden für die interkulturelle Arbeit 8.

2. Folgende Situationen in der Kindergruppe beschäftigen mich zur Zeit, z.B.

   ❏ Einzelne Kinder kommen in die Gruppe, ohne ein Wort Deutsch sprechen zu können.

   ❏ Einzelne Eltern haben aus meiner Sicht überhöhte Erwartungen an die pädagogische Arbeit.

   ❏ Mit einzelnen Eltern komme ich so schwer in Kontakt.

   ❏ Die türkischen/polnischen/bosnischen ... Kinder bilden Cliquen und reden wenig Deutsch.

   ❏ Ich möchte die Migranteneltern mehr in die Gruppenarbeit einbinden.

   ❏ Einzelne Kinder machen abfällige Bemerkungen den Migrantenkindern gegenüber.

   ❏ Ich werde von einzelnen türkischen Vätern nicht als Fachfrau/Autoritätsperson akzeptiert. Das ärgert mich.

   ❏ Die Migranteneltern beteiligen sich kaum an Elternabenden.

   ❏ Eine Mutter aus ... hat ein Bilderbuch aus ihrem Herkunftsland mitgebracht.

   ❏ ....

   ❏ ....

   ❏ ....

   ❏ ....

3. Um die Arbeit mit Kindern und Familien aus anderen Kulturen bewusster zu gestalten, werde ich mich in nächster Zeit mit folgendem Schwerpunkt näher auseinandersetzen (bitte nur einen Schwerpunkt wählen!):

   ❏ Gezielte Sprachförderung einzelner Kinder

   ❏ Berücksichtigung von Fremd- bzw. Familiensprachen im Kita-Alltag (Bilderbücher/Lieder/Spiele usw. aus anderen Kulturen)

   ❏ Nachdenken über meine Einstellungen und Gefühle gegenüber einzelnen Migranteneltern oder -kindern

   ❏ Einbindung von Eltern bzw. Geschwistern aus Migrantenfamilien in die pädagogische Arbeit

   ❏ Feste feiern unter Berücksichtigung interreligiöser Aspekte

   ❏ Konzeptionsarbeit im Team

   ❏ Zusammenarbeit mit Organisationen und Fachdiensten, die mit ausländischen Kindern und Familien befasst sind

   ❏ Darstellung der interkulturellen Arbeit nach außen (schriftliche Fixierung, Plakate, Elterninformationen usw.)

   ❏ Fortbildungsangebote zum Thema „interkulturelles Lernen"

   ❏ anderer Schwerpunkt

   ....

8. Leitfaden für die interkulturelle Arbeit

4. Ich finde diesen Schwerpunkt besonders wichtig, weil …

....

....

....

....

....

5. Zielformulierung:
Was möchte ich einführen, ändern oder vertiefen? Was möchte ich erreichen?
Was nehme ich mir konkret vor?

....

....

....

2. Aktionsplan

Teambesprechung:

1. Welche Ideen und Erfahrungen haben meine Kolleginnen zu diesem Thema?

Zeitrahmen:

2. Wann will ich mit den neuen Schritten anfangen? (Datum nennen)

....

3. Wie oft / wie lange will ich das neue Vorhaben erproben?
z.B. jeden Tag über vier Wochen, einmal in der Woche über sechs Wochen, bis Weihnachten, ein halbes Jahr lang …

....

....

Welche Informationen brauche ich?

1. Welche Informationen kann ich selbst dazu beitragen?

- ☐ Gespräche mit einzelnen Kindern
- ☐ Beobachtung von einzelnen Kindern
  (Strukturiertes Beobachtungsraster? Freie Beobachtungen? Video?)
- ☐ Beobachtung von Gruppenabläufen, von Spielprozessen
- ☐ Reflexion über den Tagesablauf, das pädagogische Angebot
- ☐ Informationen aus Fachzeitschriften/Fachliteratur
- ☐ Anderes ....

....

Leitfaden für die interkulturelle Arbeit 8.

2. Welche Ideen bzw. Informationen können andere dazu beitragen?

❏ Kollegin in der Gruppe

....

❏ Kolleginnen in der Einrichtung

....

❏ Eltern (Einzelgespräch? Befragung? Elterngruppe?)

....

❏ Fachberatung

....

❏ Träger

....

❏ Andere ....

....

Welche Absprachen sind notwendig?

1. Mit den Kindern ....

....

2. Mit Kolleginnen

....

3. Mit der Leitung ....

....

4. Mit den Eltern ....

....

5. Mit dem Träger/mit der Fachberatung ....

....

6. Welche Terminvereinbarungen sind notwendig?

....

....

7. Welche Materialien bzw. welche Ausstattung brauche ich? Was habe ich bereits, was muss ich mir beschaffen?

....

....

8. Brauche ich professionelle Unterstützung / Beratung?

....

....

Leitfaden für die interkulturelle Arbeit

9. Welche Probleme oder Hindernisse kann ich mir bei der Umsetzung meiner Ziele vorstellen?
....
....

10. Kann ich jetzt schon etwas Konkretes tun, um sie zu umgehen?
....
....

11. Wie kann ich den Veränderungsprozess dokumentieren? (z.B. Tagebuch, Beobachtungsbögen, Frageraster, Gesprächsnotizen, Videoaufnahmen)
....
....

12. Wo kann ich Dokumentationshilfen (z.B. Beobachtungsbögen) besorgen?
....
....

13. Mit welchem Schritt fange ich konkret an?
....
....

14. Wann beginne ich? (Datum)
....
....

3. Erprobung – Dokumentation – Reflexion

Zeitplan: (je nach Vorhaben festlegen)
....

Zwischenbilanz (nach ...... Wochen)

1 Was lief besonders gut?
....
....

2. Was war schwierig?
....
....

Das lag hauptsächlich an:

☐ Fehlende Motivation der Kinder

☐ Fehlende Unterstützung durch Kollegin in der Gruppe

☐ Fehlende Unterstützung durch Leitung

☐ Zu wenig Motivation der Eltern

☐ Unterbrechungen von außen (z.B. Telefonate, Vertreterbesuche)

☐ Anderes

8. Leitfaden für die interkulturelle Arbeit

....
....

3. Was lief ganz anders, als ich mir das vorher vorgestellt hatte?
....
....

4. Was möchte ich anders machen während der verbleibenden Erprobungsphase?
....
....

5. Dokumentation und laufende Reflexion von Veränderungen – möglichst im Austausch mit einer Kollegin / mit mehreren Kolleginnen/mit Eltern.
Was hat sich verändert? (z.B. bei den Kindern, bei den Eltern, bei den Kolleginnen, bei mir selbst)
....
....
....
....

4. Zusammenfassende Auswertung

1. Bin ich zufrieden mit den eingeleiteten Veränderungen?
....
....

2. In welchen Punkten bin ich noch unzufrieden?
....
....

3. Was sagen andere dazu? (z.B. Kinder, Kollegin in der Gruppe, Team, Eltern, Fachberatung, Träger)
....
....

4. Was ist der nächste Schritt?
....
....

⇨ Vertiefung der eingeleiteten Veränderungen oder Formulierung eines neuen thematischen Schwerpunkts

⇨ Zurück zu Nr.1 „Situationsanalyse und Zielformulierung"!

9.

Bücher und Materialien für die pädagogische Arbeit

Zusammengestellt von Monika Soltendieck

Bücher und Materialien

Sprachförderung – Interkulturelle Arbeit

Ben Jelloun, T. (2001). **Papa, was ist ein Fremder?** Berlin: Rowohlt. ISBN 3-499-22750-9.

Blumenstock, L. (2005). **Spielerische Wege zur Schriftsprache im Kindergarten.** Berlin: Cornelsen Scriptor. ISBN 978-3-589-25264-0.

Böhm, D. und R./Deiss-Niethammer, B. (1999). **Handbuch Interkulturelles Lernen.** Theorie und Praxis für die Arbeit in Kindertageseinrichtungen. Freiburg, Basel, Wien: Herder. ISBN 3-451-27001-3.

Burghardt Montanari, E. (2001). Verband binationaler Familien und Partnerschaften, iaf e.V. (Hrsg.) 2. Auflage. **Wie Kinder mehrsprachig aufwachsen.** Ein Ratgeber. Frankfurt: Brandes & Apsel. ISBN 3-86099-194-9.

Christiansen, C. (2003). Ministerium für Bildung, Wissenschaft, Forschung und Kultur des Landes Schleswig-Holstein (Hrsg.) **Spielerische Sprachförderung in Kindertageseinrichtungen.** Kronshagen. Vertrieb: Druckerei Joost. Eckernförder Str. 239, 24119 Kronshagen, Tel.: 0431/542231. druckerei-joost@web.de

Fuchs, R./Siebers, C. (2002). Sozialpädagogisches Institut NRW (Hrsg.) **Sprachförderung von Anfang an.** Arbeitshilfen für die Fortbildung von pädagogischen Fachkräften in Tageseinrichtungen für Kinder. ISBN 3-926828-81-1.www.spi.nrw.de

Götte, R. (2002). **Sprache und Spiel im Kindergarten.** 9. vollständig überarbeitete Auflage. Berlin: Cornelsen Scriptor. ISBN 978-3-589-25299-2.

Jampert, K. (2002). **Schlüsselsituation Sprache.** Spracherwerb im Kindergarten unter besonderer Berücksichtigung des Spracherwerbs bei mehrsprachigen Kindern. DJI-Reihe, Band 10. Opladen: Leske + Budrich. ISBN 3-8100-3273-5.

Jugendamt der Stadt Nürnberg (Hrsg.) (2004). **Praxishilfe zum Projekt Lesefreude.** Spiki Sprachförderung in Kindertagesstätten. Vertrieb: Monika.King@stadt.nuernberg.de

Kniesel-Scheuring, G. (2002). **Interkulturelle Elterngespräche.** Gesprächshilfen für Erzieherinnen in Kindergarten und Hort. Lahr: Ernst Kaufmann. ISBN 3-7806-2596-2.

KTK (1999). **Vielfalt bereichert.** Interkulturelles Engagement katholischer Tageseinrichtungen für Kinder. Positionen und Materialien. Freiburg: Verband Katholischer Tageseinrichtungen für Kinder – Bundesverband e.V. ISBN 3-933383-01-3.

Lentes, S./Thiesen, P. (Hrsg.) (2004). **Ganzheitliche Sprachförderung.** Ein Praxisbuch für Kindergarten, Schule und Frühförderung. 2. erweiterte Auflage. Berlin: Cornelsen Scriptor, ISBN 978-3-589-25345-6.

Loos, R./Grannemann, P. (2005). **Praxisbuch Spracherwerb.** Sprachförderung im Kindergarten. Band 2. München: Don Bosco. ISBN 3-7698-1445-2.

Militzer, R./Fuchs, R./Demandewitz, H./Houf, M. (2002). Sozialpädagogisches Institut NRW – Landesinstitut für Kinder, Jugend und Familie (Hrsg.) **Der Vielfalt Raum geben.** Interkulturelle Erziehung in Tageseinrichtungen für Kinder. Münster: Votum. ISBN 3-933158-80-X.

Montanari, E. (2002). **Mit zwei Sprachen groß werden.** Mehrsprachige Erziehung in Familie, Kindergarten und Schule. München: Kösel. ISBN 3-466-30596-9.

Näger, S. (2005). **Literacy – Kinder entdecken Buch-, Erzähl und Schriftkultur.** Freiburg: Herder. ISBN 3-451-28691-2.

Penner, Z. (2002). **Kindergartenprogramm „KonLab",** Berg. Vertrieb: www.konlab.com.

Preissing, C./Wagner, P. (Hrsg.) (2003). **Kleine Kinder – keine Vorurteile?** Interkulturelle und vorurteilsbewusste Arbeit in Kindertageseinrichtungen. Freiburg, Basel, Wien: Herder. ISBN 3-451-28142-2.

Schlösser, E. (2001). **Wir verstehen uns gut.** Spielerisch Deutsch lernen. Münster: Ökotopia. ISBN 3-931902-76-5.

Staatsinstitut für Schulpädagogik und Bildungsforschung (Hrsg.) (2003). **Lernszenarien. Ein neuer Weg, der Lust auf Schule macht.** Teil 1: Vorkurs Deutsch lernen vor Schulbeginn. Oberursel: Finken. Vertrieb: www.finken.de Bestellnummer 1458.

Tworuschka, M. und U. (2003). **Lexikon Weltreligionen – Kindern erklärt.** Gütersloh: Gütersloher Verlagshaus. ISBN 3-579-02313-6.

Ulich, M./Mayr, T. (2003). **Beobachtungsbogen *Sismik* – Sprachverhalten und Interesse an Sprache bei Migrantenkindern in Kindertageseinrichtungen.** Freiburg: Herder. ISBN 3-451-28270-4. Vertrieb: Bestellservice@herder.de

Ulich, M. (2004). Staatsinstitut für Frühpädagogik (IFP), München (Hrsg.). **Elternbrief. Wie lernt mein Kind 2 Sprachen, Deutsch und die Familiensprache?** In 15 Sprachen: Albanisch, Arabisch, Bosnisch, Deutsch, Englisch, Italienisch, Französisch, Griechisch, Kroatisch, Polnisch, Portugiesisch, Russisch, Serbisch, Spanisch, Türkisch. Abrufbar im Internet unter www.ifp-bayern.de

9. Bücher und Materialien

Ulich, M. (2004). **Lust auf Sprache. Sprachliche Bildung und Deutsch lernen im Kindergarten.** Lehrfilm für Aus-, Fort- und Weiterbildung mit Arbeitsheft. Freiburg: Herder. ISBN 3-451-28271-2. Vertrieb: bestellservice@herder.de
Dieser Film ergänzt die Arbeit mit dem Beobachtungsbogen *Sismik*.

Ulich, M. (2005). **Literacy – sprachliche Bildung im Elementarbereich.** (Nachdruck aus *kiga heute* 3/2003) In: Weber, S. (Hrsg.) Die Bildungsbereiche im Kindergarten. Basiswissen für Ausbildung und Praxis. 3. Auflage. Freiburg, Basel, Wien: Herder. ISBN 3-451-38143-0.

Ulich, M./Oberhuemer, P./Reidelhuber, A. (2005). **Es war einmal, es war keinmal ...** Ein multikulturelles Lese- und Arbeitsbuch. 4. neu bearbeitete Auflage. Berlin: Cornelsen Scriptor, ISBN 978-3-589-25394-4.

Ulich, M./Oberhuemer P./Reidelhuber, A. (2005). **Der Fuchs geht um ... auch anderswo.** Ein multikulturelles Spiel- und Arbeitsbuch. 6. neu ausgestattete Auflage mit CD. Berlin: Cornelsen Scriptor, ISBN 978-3-589-25393-7.

Ulich, M./Oberhuemer, P. (2003). **Interkulturelle Kompetenz und mehrsprachige Bildung.** In Fthenakis, W.E. (Hrsg.) Elementarpädagogik nach Pisa. (S. 152-168). Freiburg: Herder. ISBN 3-451-28062-0.

Walter, G. (2003). **Die Welt der Sprache entdecken.** Wunderfitz – Arbeitsheft zur Sprachförderung. Freiburg: Herder. ISBN 3-451-26511-7.

Weinrebe, H. (2005). **ABC – wohin ich seh.** Wörter, Laute und Buchstaben entdecken. Freiburg: Herder. ISBN 3-451-28696-3.

Zinke, P. (2005). Bostelman, A./Metze, T. (Hrsg.) **Vom Zeichen zur Schrift.** Ein Werkstattbuch. Berlin: Cornelsen Scriptor, ISBN 978-3-589-25407-1.

Geschichten und Märchen aus anderen Kulturen

Bücher

Bittner, W./Kirchberg, U. (1996). **Felix, Kemal und der Nikolaus.** Hamburg: Nord-Süd. ISBN 3-314-00623 3.

Gavin, J. (1998). **Kinder aus aller Welt. Unsere Lieblingsgeschichten.** Bindlach: Loewe-Verlag. ISBN 3-7855-3208-3.

Hüsler, S. (1996). **Weihnachtszeit – oder Heisse Schokolade bei Signora Rosa.** Stolberg: Atlantis. ISBN 3-7152-0355-2.

Kindersley, B. und A .(1999). **Kinder aus aller Welt.** 4. Auflage. Bindlach: Loewe. ISBN 3-7855-2815-9.

Märchen aus Kurdistan (2000). 2. Auflage. Dresden: Christoph Hille. ISBN 3-932858-36-0.

Capuana, L. (2004). **Fiabe Italiane/Italienische Märchen.** (Italienisch-Deutsch) München: dtv. ISBN 3-423-09433-8.

English Fairy Tales/Englische Märchen. (1991). (Englisch-Deutsch) München: dtv. ISBN 3-423-09281-5.

Griechische Märchen (1998). Frankfurt: Insel. ISBN 3-458-33931-0.

Türkische Märchen. (1997). Frankfurt: Fischer. ISBN 3-596-13753-5.

Tonkassetten

Assaf-Nowak, U. (Hrsg.) (1998). **Arabische Märchen.** Hamburg: Jumbo. ISBN 3-89592-243-9.

Becker, F. v. (Hrsg.) (1998). **Afrikanische Märchen.** Hamburg: Jumbo. ISBN 3-89592-211-0.

Budde, P./Kronfli, J. (1997). **Kinderlieder aus Afrika.** Münster: Ökotopia Spielevertrieb. ISBN 3-931902-12-9.

Märchen der Welt: Afrikanische Märchen. Hamburg: Jumbo. ISBN 3-89592-21-0.

Märchen der Welt: Arabische Märchen. Hamburg: Jumbo. ISBN 3-89592-243-9.

Märchen der Welt: Chinesische Märchen. Hamburg: Jumbo. ISBN 3-89592-222-6.

Märchen der Welt: Märchen aus Sizilien. Hamburg: Jumbo ISBN 3-89592-427-X.

Zwei- und mehrsprachige Kinderbücher und Materialien

Baumgart, K. (1999). **Laura's Stern – Laura'nın yıldızı.** (Deutsch -Türkisch) Frankfurt: Baumhaus Medien. ISBN 3-8315-0004-5.

Beer, H. de. (1994). **Küçük Beyaz Ayı, nereye Gidiyorsun? – Kleiner Eisbär, wohin fährst du?** (Türkisch-Deutsch) Hamburg: Nord-Süd. ISBN 3-314-00665-9.

Beer, H. de. (1999). **Küçük Beyaz Ayı Beni Yalnız Birakma – Kleiner Eisbär, lass mich nicht allein!** (Türkisch-Deutsch) Hamburg: Nord-Süd. ISBN 3-314-00984-4.

Bücher und Materialien

Beer, H. de. (2001). **Küçük Beyaz Ayı Yolu Biliyor musun? – Kleiner Eisbär, kennst du den Weg?** (Türkisch-Deutsch) Hamburg: Nord-Süd. ISBN 3-314-01167-9.

Beer, H. de. (2002). **Küçük Beyaz Ayı ile Kokak Tavsan – Der kleine Eisbär und der Angsthase.** (Türkisch-Deutsch) Hamburg: Nord-Süd. ISBN 3-314-01166-0.

Beer, H. de. (2001). **Little Polar Bear and the big Balloon – Kleiner Eisbär, hilf mir fliegen!** (Englisch-Deutsch) Hamburg: Nord-Süd. ISBN 3-314-01200-4.

Beer, H. de. (2001). **Little Polar Bear, take me home! – Kleiner Eisbär, kennst du den Weg?** (Englisch-Deutsch) Hamburg: Nord-Süd. ISBN 3-314-01174-1.

Beer, H. de. (2003). **Little Polar Bear and the Husky Pup – Kleiner Eisbär, lass mich nicht allein.** (Englisch-Deutsch) Hamburg: Nord-Süd. ISBN 3-314-01164-4.

Beer, H. de. (2004). **Little Polar Bear – Kleiner Eisbär, wohin fährst du?** (Englisch-Deutsch) Hamburg: Nord-Süd. ISBN 3-314-01304-3.

Hüsler-Vogt, S. (1997). **Tres tristes tigres ...** Drei traurige Tiger ... Geschichten, Verse, Lieder und Spiele für die mehrsprachige Kindergruppe. 4. Auflage. Freiburg: Lambertus. ISBN 3-7841-1038-X.

Hüsler, S./Stäuli, B. (2000). **Mir Zoro. Ein kurdisches Märchen.** (Kurdisch-Deutsch). Mit zweisprachiger CD. Zürich: Pestalozzianum. ISBN 3-907526-79-1.

Hüsler, S./Mahir, M. (2001). **Prinzessin Ardita – Princesha Ardita.** (Deutsch-Albanisch) Zürich: Lehrmittelverlag des Kantons Zürich. ISBN 3-906743-35-7. lehrmittelverlag@lmv.zh.ch www.lehrmittelverlag.com

Hüsler, S. (2004). **Kinderverse aus vielen Ländern.** Mit CD. Freiburg: Lambertus. ISBN 3-7841-1517-9.

Hüsler, S. (2004). **Besuch vom kleinen Wolf.** Eine Geschichte in acht Sprachen: Albanisch, Deutsch, Französisch, Italienisch, Portugiesisch, Serbisch, Tamilisch, Türkisch. Zürich: Lehrmittelverlag des Kantons Zürich. ISBN 3-03713-043-1. lehrmittelverlag@lmv.zh.ch www.lehrmittelverlag.com

Pfister, M. (1994). **Gökkuşağı Balığı – Der Regenbogenfisch.** (Türkisch-Deutsch) Hamburg: Nord-Süd. ISBN 3-314-00664-0.

Pfister, M.(2001). **Gökkuşağı Balığı, gel bana yardim et! – Regenbogenfisch, komm' hilf mir!** (Türkisch-Deutsch) Hamburg: Nord-Süd. ISBN 3-314-01162-8.

Pfister, M. (2001). **The Rainbow Fish – Der Regenbogenfisch.** (Englisch-Deutsch). Hamburg: Nord-Süd. ISBN 3-314-01173-3.

Pfister, M. (2001).**The Rainbow Fish and the Sea Monster's Cave – Der Regenbogenfisch hat keine Angst mehr!** (Englisch-Deutsch) Hamburg: Nord-Süd. ISBN 3-314-01201-2.

Qa'du, F./al-Futaih, F. (1994). **Die Stadt, wo man sagt: „Das ist wunderschön!"** (Deutsch-Arabisch) Meerbusch: Edition Orient. ISBN 3-922825-57-5.

Wellinger, Ch. (Hrsg.) (2000). **Das Krokodil und der Affe.** (Tamil-Deutsch) Sieben tamilische Fabeln. Zürich: Pestalozzianum. ISBN 3-907526-72-4.

Audio-CDs

Hüsler, S. (2004). **Besuch vom kleinen Wolf** in acht Sprachen: Albanisch, Deutsch, Französisch, Italienisch, Portugiesisch, Serbisch, Tamilisch, Türkisch. Zürich: Lehrmittelverlag des Kantons Zürich. ISBN 3-03713-063-6. lehrmittelverlag@lmv.zh.ch www.lehrmittelverlag.com

Okay, E. (2004). **Keloğlan und Rotkäppchen. Keloğlan ve Kırmızı şapkalı Kız.** Märchen für Kinder in Türkisch und Deutsch. Mit Begleitheft. Hückelhoven: Anadolu. ISBN 3-86121-238-2. Vertrieb: info@anadolu-verlag.de www.anadolu-verlag.de Best.-Nr. A2382.

Okay, E. (2004). **Eins von mir, eins von dir. Bir benden, bir senden.** Kulturaustausch mit Liedern und Spielen in Deutsch und Türkisch. Mit Begleitheft. Hückelhoven: Anadolu. ISBN 3-86121-237-4. Vertrieb: info@anadolu-verlag.de www.anadolu-verlag.de Best.-Nr. A2374.

Anhang:
Elternbrief „Wie lernt mein Kind 2 Sprachen, Deutsch und die Familiensprache?"

Anhang

Elternbrief Deutsch
Wie lernt mein Kind 2 Sprachen,
Deutsch und die Familiensprache?

Diesen Brief gibt es in 15 Sprachen

Albanisch
Kroatisch
Arabisch
Polnisch
Bosnisch
Portugiesisch
Deutsch
Russisch
Englisch
Serbisch
Italienisch
Spanisch
Französisch
Türkisch
Griechisch

im Internet unter: www.ifp-bayern.de

Text: Dr. Michaela Ulich
Grafik: Silvia Hüsler

Staatsinstitut für Frühpädagogik – IFP

München

Gefördert mit Mitteln des Bundesministeriums des Innern
und des Bayerischen Staasministeriums für Arbeit und Sozialordnung,
Familie und Frauen

Anhang

Liebe Eltern

Vielleicht fragen Sie sich manchmal:
„Wie lernt mein Kind Deutsch?" oder
„Kann mein Kind von klein auf zwei Sprachen lernen?" oder auch
„Wird mein Kind sich später gut ausdrücken können – z.B. in der Schule?"

Die eine oder andere Frage beschäftigt viele Eltern. Mit diesen Fragen haben sich auch schon viele Pädagogen und Wissenschaftler beschäftigt.
Wir möchten Ihnen ein paar Informationen und Tipps dazu geben.
Was brauchen Kinder, damit sie sich sprachlich gut entwickeln?

■ Kinder können gut verschiedene Sprachen lernen

Wenn Ihr Kind mit zwei verschiedenen Sprachen aufwächst, z.B. zu Hause die eine Sprache und im Kindergarten Deutsch, dann ist das eine große Chance für die Zukunft Ihres Kindes. Untersuchungen zeigen: *Kinder können von klein auf gut zwei (oder sogar drei) Sprachen lernen, wenn sie in diesen Sprachen gefördert werden.*

Wenn Vater und Mutter verschiedene Sprachen sprechen, dann kann jeder seine Sprache mit dem Kind sprechen, auch das schaffen Kinder. Wichtig sind dann aber, vor allem für junge Kinder, klare "Sprach-Regeln" in der Familie, so dass das Kind eine bestimmte Sprache mit einer bestimmten Person in Verbindung bringen kann. Es weiß dann "die Mama spricht so, der Papa so, beim Essen sprechen wir so ...".

■ Der Kindergarten ist eine Chance für Ihr Kind

Im Kindergarten lernt Ihr Kind Deutsch und viele andere Dinge, die für die Entwicklung der Sprache – und später für die Schule – wichtig sind. Daher ist der Kindergarten eine Chance und es ist gut, wenn Ihr Kind ab drei Jahren regelmäßig einen Kindergarten besucht. So hat es bis zum Schuleintritt genügend Zeit, um in die deutsche Sprache hineinzuwachsen. *Die Erzieherinnen fördern die deutsche Sprache gezielt mit Spielen, mit Gesprächen, mit Liedern und Versen, mit Bilderbüchern und Geschichten.*

Am Anfang, wenn Ihr Kind noch kein Deutsch kann, wird es im Kindergarten vielleicht Freunde suchen, die zu Hause dieselbe Sprache wie Ihr Kind sprechen. Das wird dem Kind helfen, sich einzugewöhnen und sich wohl zu fühlen. Im Laufe der Zeit wird es auch deutsche Freunde finden.

■ Welche Sprache sprechen Sie mit Ihrem Kind?

Eltern bekommen manchmal den Rat: "Sprechen Sie mit Ihrem Kind Deutsch, dann hat es das Kind später in der Schule leichter". Dieser Rat ist falsch. *Sprechen Sie in der Sprache, in der Sie ganz spontan und natürlich sprechen und die Sie am besten können – meistens ist das die Muttersprache.* In dieser Sprache kennen Sie auch die meisten Wörter und Sie wissen, wie die Sätze "gebaut" sind. *So bekommt Ihr Kind eine gute Grundlage*, das hilft ihm dann auch bei den anderen Sprachen, z.B. beim Deutsch lernen. Es dauert viele Jahre, bis ein Kind eine Sprache richtig kann – das stimmt sowohl für die erste Sprache des Kindes, als auch für alle weiteren Sprachen.

Bei manchen Kindern gibt es Phasen, in denen sie nur eine Sprache sprechen wollen – z.B. nur Deutsch. Dann antworten sie auf Deutsch, auch wenn die Eltern in der Familiensprache mit ihnen sprechen. Solche Phasen sind ganz normal. Wenn Sie selbst konsequent bleiben und weiter in Ihrer Muttersprache mit dem Kind sprechen, und wenn das Kind diese Sprache auch bei anderen Gelegenheiten hört, dann geht sie nicht verloren, das Kind lernt weiter, als Zuhörer – und wird sicherlich diese Sprache später auch wieder sprechen.

Anhang

■ Was können Sie in der Familie für die Sprachentwicklung Ihres Kindes tun?

Das alltägliche Leben in der Familie ist wichtig für die Entwicklung der Sprache. Denn in der Familie lernen Kinder ihre erste Sprache. Welche konkreten Möglichkeiten gibt es in der Familie, Kinder in ihrer Sprachentwicklung zu fördern?

Freude am Sprechen und Erzählen

Sprache kann man nicht trainieren, sie entwickelt sich bei jüngeren Kindern jeden Tag, indem die Kinder zuhören und selbst sprechen – z.B. beim Spielen, beim Bilderbuch anschauen, beim gemeinsamen Essen, bei einer Unterhaltung mit Menschen, die sie lieb haben. *Die täglichen Gespräche sind für Kinder sehr wichtig: erzählen Sie dem Kind von Ihrer Arbeit, von den Großeltern, von einem kleinen Erlebnis, das Sie heute hatten*; und wenn Ihnen das Kind z.B. beim Kochen zuschaut, dann erzählen Sie dem Kind, was Sie heute alles in den Topf geben. Und freuen Sie sich, wenn Ihr Kind viele Fragen stellt und viel erzählt – was es heute geärgert oder gefreut hat, was die Freunde im Kindergarten gesagt haben, usw. *Beim Erzählen lernt das Kind allmählich sich auszudrücken und seine Ideen und Wünsche mit Worten zu erklären.*

Kinder lernen am besten, wenn sie sich wohl fühlen und wenn sie keine Angst haben Fehler zu machen. Manchmal erfinden Kinder auch Fantasiewörter, sie spielen mit der Sprache, das macht ihnen Spaß und ist gut für die Sprachentwicklung. Es ist nicht gut für die Entwicklung, wenn Sie Ihr Kind korrigieren, wenn es etwas "falsch" sagt. Kinder, die oft korrigiert werden, verlieren manchmal die Freude am Sprechen und Erzählen.

Es gibt Beschäftigungen, bei denen Kinder sehr viel lernen und ihre sprachlichen Fähigkeiten ganz besonders gut entwickeln. Dazu gehören *vor allem* Vorlesen, Geschichten erzählen, Bilderbücher anschauen, Reime sprechen und singen.

Zusammen Bilderbücher anschauen

Wenn Eltern mit ihrem Kind oft – am besten jeden Tag – ein Bilderbuch anschauen, dann ist das für die Entwicklung der Sprache sehr gut. Wenn Sie mit Ihrem Kind in Ihrer Muttersprache ein Bilderbuch anschauen, dann lernt das Kind dabei viele Dinge, die ihm in allen Sprachen weiter helfen werden und die später in der Schule wichtig sind – das haben viele Studien bewiesen. Vielleicht haben auch einmal die älteren Geschwister, die Tante oder der Großvater Zeit zum Vorlesen.

Beim Bilderbuch anschauen und vorlesen ist es wichtig,

– dass es dem Kind und dem Erwachsenen Freude macht (wenn Erwachsene zuviel abfragen kann das dem Kind den Spaß verderben)
– dass Ihr Kind über die Bilder und über die Geschichte viel sprechen kann – alles was ihm so einfällt

Wenn Sie zu Hause in Ihrer Sprache keine Bilderbücher haben und auch keine ausleihen können, dann gibt es trotzdem eine Möglichkeit, mit ihrem Kind in Ihrer Sprache Bilderbücher anzuschauen: Es gibt viele deutsche Bilderbücher, die gar keinen oder wenig Text haben. Diese Bücher können Sie in der Bücherei oder im Kindergarten ausleihen, fragen Sie die Erzieherin. Zu Hause können Sie dann mit Ihrem Kind diese Bilderbücher anschauen und in *Ihrer* Sprache mit dem Kind über die Bilder sprechen – und vielleicht können Sie zusammen mit dem Kind zu den Bildern eine Geschichte erfinden. Oder Ihr Kind bringt auch mal ein Bilderbuch vom Kindergarten mit und erzählt Ihnen auf Deutsch etwas zu den Bildern und zu der Geschichte. Inzwischen gibt es in Büchereien auch viele zweisprachige Kinderbücher. Wenn Sie gut Deutsch sprechen, können Sie auch abwechseln: mal auf Deutsch vorlesen, mal in der Familiensprache. Kinder haben manchmal ein Lieblingsbilderbuch, das wollen sie immer wieder hören und anschauen. Auch das ist gut, dann bekommen sie ein Gefühl für die Sprache.

Anhang

Geschichten erzählen

Kinder lieben Geschichten. Wenn Kinder oft eine Geschichte hören, die der Vater, oder die Mutter, vielleicht der Onkel oder der Opa erzählen oder vorlesen, dann entwickelt sich dabei die Sprache. *Sie lernen Geschichten verstehen und selbst zu erzählen, das ist später für die Schule sehr wichtig.* Es können Geschichten aus dem Alltag sein, Märchen, Geschichten aus Ihrer Kindheit – alles was Ihnen und Ihrem Kind gefällt. Wie wäre es mit einer täglichen Gute-Nacht-Geschichte?

Auch Lieder, Fingerspiele und Reime sind für die Entwicklung der sprachlichen Fähigkeiten sehr wichtig – und sie machen vielen Kinder Spaß. Kennen Sie noch Gedichte oder Auszählreime aus Ihrer Kindheit?

Fernsehen reicht nicht aus

Beim Fernsehen konzentrieren sich Kinder vor allem auf die Bilder, und nicht auf das, was gesagt wird. *Und meistens schauen sie still zu. Das Fernsehen ist daher für die Sprache nicht besonders förderlich.* Kinder lernen mehr, wenn sie z.B. eine Tonkassette mit einem Märchen hören, oder eine Gute-Nacht-Geschichte von den Eltern. Wenn Ihr Kind fernsieht, dann ist es wichtig, dass Sie sich mit dem Kind über die Sendung unterhalten.

Mit zwei Sprachen leben – Kinder brauchen Vorbilder

Eltern sind wichtige Vorbilder. *Manche Kinder erleben, wie ihre Eltern sich bemühen, gut Deutsch zu lernen*, – z.B. fragen sie ihr Kind, wie ein Wort auf Deutsch heißt, oder sie besuchen vielleicht einen Sprachkurs im Kindergarten. *Das hilft den Kindern.* Sie sind dann auch selbst neugierig und stolz darauf, Deutsch zu lernen. Kinder merken auch, ob ihre Eltern *die eigene Muttersprache schätzen* und pflegen, und ob sie Zweisprachigkeit wichtig finden.

Sprache ist ein Schatz ...

Wenn Ihr Kind zwei Sprachen spricht und sich später gut ausdrücken kann, dann hat es einen Schatz, der ihm im Leben und im Beruf weiter helfen wird. Diesen Schatz kann ihm niemand wegnehmen.

Wir wünschen Ihnen und Ihrem Kind viel Glück und Erfolg auf diesem Weg.